Der verdammte Flüchtling

Thaer Ayoub

ثائر أيّوب

Der verdammte Flüchtling

اللّاجئ الملعون

Ein Kapitel aus dem Lebenslauf eines Liebenden

فصل من السّيرة الذّاتيّة لعاشق

Lyrik und Prosa

قصائد و نصوص

Arabisch / Deutsch

ثائر أيوب, نيسان 1989, سوريا, حلب, في زقاق كان أوسع من العالم.
منذ العام 2015 في ألمانيا, كيمنتس و الآن برلين و العالم كله صار أضيق من زقاق.

*Thaer Ayoub, im April 1989 in Syrien, Aleppo, geboren, in einer Gasse,
die größer war als die Welt.
Seit dem Jahr 2015 in Deutschland, Chemnitz, lebend und derzeit in
Berlin, und die ganze Welt ist enger geworden als eine Gasse.*

Erstausgabe
1. Auflage 2020
© 2020 by Palisander Verlag
Übersetzung: Thaer Ayoub
Covergestaltung: Claudia Lieb, München
Lektorat: Palisander Verlag
Druck- und Bindearbeiten: Sowa Sp. z o.o.
Printed in Poland
ISBN 978-3-957840-31-8

www.palisander-verlag.de

كلّ ما كتبتُه و هذا الكتاب و ما سأكتبه أيضا أرفعه إلى روح كريستينا التي دعمتْ هذا الكتاب على كلّ المستويات الممكنة و حتى المستحيلة. ارقدي بسلام.

شكر عظيم لكلاوديا التي مضت معي قصيدة قصيدة و دعمتْ الكتاب و كاتبه برأيها و ملاحظاتها التي وضعته على الطريق الأجمل.

شكرا ل: فيولا منز, روبرت كاتشه, فريتسي زلتمان, فالاري سوتي, هيدا باير, أوتا هلمان, كريس مونستر, ماري فوندرلش, مانويل كيرن, فالك هامرمولر, يان كوخ, أندرياس فنكلر, سفندا كراوس و فرانك إلستر و دار الطباعة „ باليساندر "..

إلى كيمنتس, ألمانيا و من أجل سوريا,

إلى الذين هجّروني و من أجل عائلتي و أصدقائي,

إلى الذين يجعلون من حياتنا جحيما أكثر مما هي جحيم, سواء كانوا طغاة, رأسماليين, عنصريّين أو كانوا مؤسسات حكومية, و من أجل الشهداء و أمهاتهم, المعتقلين و أمهاتهم, الغائبين و أمهاتهم, اللاجئين و من أجل كلّ الحزانى على كلّ هذي الأرض,

إلى العالم و من أجلي.

Danksagung

Alles, was ich schrieb, und dieses Buch und was auch immer ich schreiben werde, widme ich der Seele von Christina, die dieses Buch auf allen möglichen und auch unmöglichen Ebenen unterstützte. Ruhe in Frieden.

Ein großes Dankeschön an Claudia, die mit mir Gedicht für Gedicht durchging und dieses Buch und seinen Autor mit ihrer Meinung und ihren Anmerkungen unterstützte, so dass es sich auf seinen schönen Weg machen konnte.

Mein Dank geht an: Viola Menz, Robert Gatzsche, Frizzi Seltman, Valerie Suty, Heda Bayer, Uta Hallmann, Chris Münster, Marie Wunderlich, Manuel Kern, Falk Hammermüller, Jan Koch, Andreas Winkler, Swinda Kraus, Frank Elstner und den Palisander Verlag.

Widmung

Für Chemnitz, für Deutschland und für Syrien, für die, die mich vertrieben und für meine Familie und meine Freunde, für die, die unser Leben zu der Hölle machen, die es ist – Tyrannen, Kapitalisten, Rassisten und ebenso staatliche Behörden – und für die Märtyrer und ihre Mütter, die Gefangenen und ihre Mütter, die Abwesenden und ihre Mütter, die Flüchtlinge und alle Traurigen auf dieser ganzen Erde, für die Welt und für mich.

قيل لي:
و الآن بعد أن صار لديك ديوان شِعر من ورق
عليه اسمكَ الجميل
فما شعوركَ الذي يعيش في الأعماق؟
قلتُ: فرحة تصيب بالقلق
فالطُريق إلى الوجود طويل
و الحلم ليس أفقا لكنّه آفاق.

Poetische Mitteilung Nr. 3

Ich wurde gefragt:
Und jetzt,
da du einen Gedichtband aus Papier,
auf dem dein schöner Name steht,
hast,
was ist dein Gefühl, das in den Tiefen lebt?
Ich sagte:
Eine Freude, die mich mit Sorge trifft,
weil der Weg in die Existenz lang ist
und der Traum kein Horizont ist,
sondern Horizonte.

كاتارينا و حلب ... تعريف ٰ

كاتارينا و حلب مدينتان عاش القلب فيهما
و عايش الكثير من الجمال فيهما
حتى انفجر شِعرا من فرط ما أحب.

حلب لم تكن محض مدينة بل عالم من الكِبرياء
كنتُ فيها أنا أنا كما أردتُ دوما أن أكون
و كاتارينا هي المدينة الوحيدة التي بكيتُ على ذراعيها
بينما كلّ مدينة أخرى مارستُ على ذراعيّ البكاء.

حلب هي صورة الجمال الواقعيّة
و كثير من الجروح في روح عاشق حزين

ٰ كاتارينا و حلب ديواني الشّعري الأول الصادر في شهر كانون الثّاني عام ٢٠١٧ عن دار النّشر آينه آرت فابريك.

و كاتارينا هي صورة الجمال المثاليّة
و نزفه المموسق بالحنين.

حلب, لا لم تكن مدينة
لكنّها إنسانيّتي التي مازلتُ أدافع عن جمالها من التشويه
ضدّ كلّ هذه الدّنيا عواصمَ, كراجاتٍ, محطّاتٍ, مطاراتٍ و موانئا
و كاتارينا هي عاصمة الأمان التي رأتني كإنسان
بينما العواصم الأخرى جميعها رأتني لاجئا.

حلب مرضي القلبيّ المدمن اللّهب
و كاتارينا مرضي النفسيّ الذي أصابني به الرّحيل عن حلب.

حلب هي الوطن الذي كنتُ أملكه كثائر
و كاتارينا هي المنفى الذي كان يملكني أو مازال يملكني أو سيملكني كشاعر.

حلب لم تعد محض مدينة في الشّرق
لكنّها أصبحت كلّ المدن في كلّ زمن
و كاتارينا ليست مجرّد ثورة في العشق
لكنها كلّ امرأة أحببتها, كلّ امرأة أحبّها
و كلّ امرأة سوف أحبّها ثورة من حنان و دفء
و حرباً أشنّها ضدّ برودة المنفى و ضد قساوة الوطن.

Katharina und Aleppo ... Definition[*]

Katharina und Aleppo sind zwei Städte,
in denen das Herz lebte und viel Schönheit erlebte,
bis es aus Maßlosigkeit in der Liebe
in Poesie explodierte.

Aleppo war nicht nur eine Stadt, sondern auch
eine Welt aus Stolz, in der ich war, wie ich immer sein wollte,

und Katharina ist die einzige Stadt,
in deren Armen ich weinte, während jede andere Stadt
das Weinen in meinen Armen ausübte.

Aleppo ist das realistische Foto der Schönheit
und viele Wunden in der Seele eines traurigen Liebenden,

---

[*] »Katharina und Aleppo« ist der Name meines ersten Gedichtbands, der im Dezember 2017 im Verlag Eine Art Fabrik erschienen ist.

8

und Katharina ist das ideale Foto der Schönheit
und ihr Bluten, das mit der Sehnsucht musiziert wurde.

Nein … Aleppo war keine Stadt, sondern
meine Menschlichkeit, deren Schönheit ich immer noch
vor der Entstellung verteidige,
gegen diese ganze Welt,
Hauptstädte, Garagen, Bahnhöfe, Flughäfen und Häfen,
und Katharina ist die Hauptstadt der Sicherheit,
die mich als einen Menschen sah, während
alle anderen Hauptstädte mich als einen Flüchtling sahen.

Aleppo ist meine Herzkrankheit,
die süchtig nach der Flamme wurde
und Katharina ist die Krankheit meines Gemüts,
mit der mich der Weggang von Aleppo traf.

Aleppo ist die Heimat,
die ich als Rebell hatte,
und Katharina ist das Exil,
das mich hatte
oder mich hat
oder mich als Dichter haben wird.

Aleppo ist nicht nur eine Stadt im Osten,
sondern sie ist auch alle Städte in jedem Zeitalter,
und Katharina ist nicht nur eine Revolution in der Liebe,
sondern sie ist auch jede Frau, die ich liebte
und jede Frau, die ich liebe
und jede Frau, die ich lieben werde,
als eine Revolution aus Zärtlichkeit und Wärme
und als ein Krieg, den ich entfesseln werde
gegen die Kälte des Exils
und gegen die Härte der Heimat.

قالتْ:

إلى أين رحلتَ

و خلّيتني ها هنا

غريبة

وحيدة؟

قلتُ: رحلتُ

إلى حيث لا يقتلونني

كلّما كتبتُ عنكِ قصيدة

Poetische Mitteilung Nr. 4

Sie sagte:
Wohin gingst du und
ließest mich hier,
fremd
und einsam?
Ich sagte:
Ich ging dorthin,
wo sie mich nicht töten,
wann immer
ich
ein Gedicht
für dich
schreibe.

في الإنتظار،

انتظار نهاية الحرب

أو انتظار بداية الحب

لا قرار

يخلق فينا الأمل

و القدرة على التّمنّي

سوى أن نغنّي.

هذا أنا على عجل

فاسمعوا منّي هذي الأغاني
و احملوا عنّي
و لو بعض ما أعاني
من الحرائق و الحقائق.
أنا ثائر و عاشق

Poetische Mitteilung Nr. 5

Im Warten
auf das Ende des Kriegs
oder auf den Anfang der Liebe
gibt es keine Entscheidung,
die in uns die Hoffnung
und die Fähigkeit zum Wünschen
erschafft,
außer, dass wir singen.
So, kurz gesagt, steht es um mich,
dann hört von mir diese Lieder
und tragt für mich,
wenn auch nur ein bisschen davon,
was ich durch die Brände
und die Wahrheiten
erleide.
Ich bin ein Rebell
und ein Liebender.

أدب اللّجوء

لطفلِنا خبرة كهل من الآخرين
ذاق مرارة السنين
و الحياة و التّجارب.
مازلنا نحارب.
لكلّ جرح عاطفة
و لكلّ حزن روح
و كلّ ألم عاصفة
تهبّ من تراكم الجروح

كانوا هناك يبيعون آلام الفقراء

ليشتروا لوحات يعلّقونها على جدران قصورهم في محاولة لادّعاء الثّقافة

و كنّا هناك على قيد الحياة لكننا لم نكن أحياء

و كلّ شيء كان عاطلا عن العمل.

كلّ شيء كان يختنق ما عدا اليأس فإنه كان كثير التّنفّس

و يستهلك الأكسجين المخصّص للأمل.

كانوا هناك يحملون السّياط و السّلاسل

و كنّا نحاول أن نملأ الوجود بالورود.

حمزة الطفل كان ينام

حين يشتدّ جوعه, لا لشيء إلا ليأكل حلماً في المنام.

لقد مات أخيرا من التّخمة.

حسيْن فقد حياته أثناء دفاعه عمّا تبقى من جمال هذا الكون,

أثناء دفاعه عن باب بيته ضدّ الوحوش.

كيف عشنا معهم في ذات الوطن دون أن ندرك أنّهم وحوش؟

بل حتى و لو كانوا وحوشا لما فعلوا ذلك.

لقد فعلوا ذلك لأنهم بشر.

ابراهيم كان ذا عينين ممتلئتين بالأمل الذي كسرته هزائم الماضي الذي

كان جميلا برغم تلك الهزائم.

كان صوته سجناً لهم.

رأيتُ جثّته, كانت لا تزال على قيد الغناء

و مازالت الأغاني تغافل جهاز مخابرات المقبرة و تتسلل كلّ ليلة إلى السجون,

تمسح دمع المعتقلين, تجفّف أجسادهم من الدّماء و تعدهم برؤية السّماء.

غياث كان نبع ماء,

لا السّدود تستطيع إيقاف اندفاعه و لا تستطيع تجفيفه الصّحراء.

قال ذات يوم: آمن أنك سوف تستطيع و سوف تستطيع.

و استطاع الحياة حتّى الآن رغم كلّ ما سقوه لقلبه من موت.

مشعل كان يزور المقبرة كي يغنّي لأولاده.

لم يكن يريد الإقتناع بأنهم أموات.

إنهم نيام, يقول, دموعي لن تكسر صمت هذا العالم المتواطئ بل ستغرقه قريبا

أو ربما سوف تعرّيه تحت ضوء الحقّ ليصبح عاجزا عن الهروب من وجه الحقيقة

و ثائر الذي قتلوه بعد ان بصق على السّجان و سجنه

قال قبل ثوان من تحرّر روحه: أحبّوا الحياة لكن اكرهوا العالم.

يمنحنا الأموات الذين أحببناهم و أحبّونا ما تبقّى في قلوبهم من نبض

لنستمرّ في الحياة أو لتستمرّ فينا الحياة.

لهؤلاء فقط أنا أدين بالعرفان.

اللّحظات الجميلة لا نعيشها أبدا في الحاضر, أي أننا لا ندرك جمالها إلا حين تصبح هي جزء من الماضي أو حين نصبح نحن جزء من المستقبل, لذلك لم يعد الفقدان سببا للحزن, لقد صار صديقا, صديقا وفيًا صار.

لأنني كنتُ أحبُّ الأماكن من خلال حبّي للأشخاص الذين كنتُ ألتقيهم فيها, أحنّ الآن إلى هذه الأماكن كما أحنّ إلى أؤلئك الأشخاص, أحفظها عن ظهر قلب شارعا شارعا, زاوية زاوية, عاشقا عاشقا و عاشقة عاشقة.

الألم صار ألمَيْن.

لقد كانوا دائما يذهبون و كنتُ دائما أعود,

لكنّ قلبي كان دائما يذهب معهم.

وحده حنيني إليهم كان يعود معي.

حكايات حزينة فقط صار كلّ تراثنا اللّغوي و الحضاريّ و الثّقافيّ.

واقع مضحك مبكٍ. ربما ثمّة شيء ما مات لا يمكن إنعاشه و لكن رغم ذلك فإن التّصدّي و عدم القبول بالواقع هو الخطوة الأولى للنهوض.

الإعتراف بالهزيمة هو تحقيق لها و مشاركة في صنعها.

هذه الهزيمة كانت مصيرا يجب علينا قبوله, لكننا رفضناه و مازلنا نرفضه.

هذا الرّفض هو الذي أثبَتَ أنّ الإنتصار ليس مستحيلا.

لا ... نحن لسنا أبطالا رغم أننا نتحدّى الموت.

عاديّتنا و بساطتنا و عفويّتنا في تحدّيه و في هزيمته هي ما يمنحنا صفة البطولة.

يقول مزاود: هل سترحل؟

قلتُ: هذه الحرب مسرحيّة و نحن لسنا غير كومبارس.

لا دور لنا غير أن نموت و بدوننا أيضا لا يكتمل المشهد.

قال: هل سترحل؟

قلتُ: هل كان صدر الوطن صخرة تحطّم رأسي عليها

عندما أردتُ أن أغفو هناك؟

ربما سوف أرحل و أنت؟

قال: أنا أحبّ وطني و لا أريد الرّحيل عنه.

قلتُ: هل تحبّ وطنك أم أنّكَ لا تملك المال كي ترحل؟

صمت ... صمت ... صمت ... صمت

حان الوقت.

آخر النّظرات على الحدود تستدعي البكاء.

عينان تحاولان حفظ الوطن كلّه عن ظهر قلب.

لا ليس إلى اللقاء,
بل وداعا يا كلّ شيء و يا كلّ حب.

قلتُ في نفسي: طالما أنني أحب طريق الكفاح ضدّ أرباب السلاح
فسوف أستمرّ في المشي عليه هنا و هناك,
لكنّ هذا القلب الذي انتصر على الحرب و الكره الذي اعتادت الحرب على زراعته,
انهزم أمام بكاء طفلة نزعتْ أمها عنها طوق النجاة لكي يبتلعها البحر بسرعة
فلا تعاني الملح و البرد و الضّياع و الأمل المزيّف.

لا أيها اللّاجئ ...
برّ الأمان ليس الشاطئ
بل قاع المحيط و بطون الحيتان.
هكذا قدّموا طلب لجوء إلى الموت هربا من قساوة الحياة
ثم ذهبوا بصمت
تاركين هذا العالم غارقا في ضوضائه العبثية المسمّاة
„ إنسانيّة ,,
يتأمّل الآخرون من خلال نوافذها ضعفنا و ربّما يستمتعونه.

لا ... لا هويّة قد بقيتْ لنا إلا اللّجوء.
هل يجب أن أكون لاجئاً فقط لأنكم ترونني و تريدونني كذلك؟
من هنا, من هذي القصيدة أحمّل الحكومات كلّها
مسؤوليّة دمي الموزّع بالتساوي على الحرب و البحر و الدرب و الكامبات.
نموت في أوطاننا بسبب الحروب التي تبيعون للمتحاربين سلاحها
و حين نرغب بالهروب من جراحها
ترمي البحار جثاميننا على شواطئكم
أو يصلبنا الإنتظار فوق أعمدة ملاجئكم
كأن حياتنا ليست سوى سيزيف و كأن موتنا ليس سوى صخرته.

من أنا؟ أنا ابن أحزان الكون كله
و هذا الحزن في مقابل كلّ شيء
من ذلك الحبّ لكلّ شيء
و هذا الحزن يعمّق جرحي حتّى أصل إلى آخر نقطة من الألم,
فأصرخ: لم يعد يخيفني ألّا أخاف.
لا لم يبق معنى في حياتي سوى الإتّهام.
أتّهمُ العالم كلّه بالتّواطئ مع موتنا و قاتلنا.
هذا هو المعنى الذي مازال يحميني من السّقوط و يدفعني إلى الأمام
و يحمي فيّ السّخرية و الجنون.
لا ... أنا لن أصبح إنّما أنا أكون.

برد في الخارج.

أحبّ الخبز السّوريّ, أتذكّره

و أتذوّقه في خيالي ساخنا, خارجا من الفرن فورا,

فأشعر بالدّفء.

(الآن في المنفى نعم),

حين أشاهد على شاشة التّلفاز دمي يسيل في العالم كلّه

أشرب كأس نبيذ

و أتذوّق فيه كلّ الألم الموجود في هذا العالم و أسأل:

أإذا عدنا ذات يوم, فهل سنعود نحن نحن أم سنعود غيرنا؟

و إذا كان كلّ شيء كذلك, فهل سيرجع الذين قد رحلوا؟

يأس مازال يتنفّس و اختناقٌ لا يزال يعيشه الأملُ.

من أنا؟

عاشق مُحاصَر بحاضر مجهول

عالق بين وطن ماضٍ و منفى مستقبل,

يصرخ حجمهما معا,

حجم المنفى و حجم الوطن,

وحيد,

حزين

و بعيد عن كلّ شيء

غريب في كلّ شيء

بلا دفء,

بلا ضوء

و بلا حبيب.

لا اللّيل ينام و لا النّوم ميّز بين اللّيل و النّهار فلا يأتِ.

من فرط وحدتي و غربتي عن العالم

أصبحتُ صديق من لا صديق له,

أصبحتُ أمّاً لكلّ يتيم,

أصبحتُ أخا لمن لا أخ له

و أصبحتُ حبيبا لكلّ من لا حبيب لها.

هكذا باختصار,

أن يكون الإنسان في المنفى

يعني أن ينتمي للنّار

حدّ حروق في القلب لا و لن تُشفى.

Asylliteratur

Unser Kind hat die Erfahrung eines Alten,
der zu den anderen gehört,
der die Bitterkeit der Jahre und des Lebens
und der Erlebnisse schmeckte.
Wir kämpfen immer noch.
Jede Wunde hat ein Gefühl
und jede Traurigkeit hat eine Seele,
und jeder Schmerz ist ein Sturm,
der aus der Häufung der Wunden weht.

Sie waren dort und verkauften die Schmerzen der Armen,
um Bilder zu kaufen,
die sie an die Wände ihrer Paläste hängen,
als Versuch, Kultur zu behaupten,
und wir waren dort am Leben, aber so,
als ob wir nicht lebendig gewesen wären,
und alles war dort arbeitslos.
Alles ist erstickt, außer der Hoffnungslosigkeit,
die viel atmete und den Sauerstoff verbrauchte,
der für die Hoffnung war.

Sie waren da und trugen die Peitschen und die Fesseln,
und wir versuchten, die Existenz mit Blumen zu füllen.
Das Kind Hamza schlief, als sein Hunger sich verschärfte.
Er schlief für nichts, außer
dass er einen Traum im Schlaf aß.
Schließlich starb er an Überernährung.
Hussein verlor sein Leben, während er
die übriggebliebene Schönheit des Universums verteidigte,
also während er die Tür seines Hauses
gegen die Monster verteidigte.
Wie lebten wir mit ihnen in derselben Heimat,
ohne zu erkennen, dass sie Monster sind?
Andererseits,
wenn sie Monster wären, hätten sie das nicht getan.
Sie taten das, weil sie Menschen sind.

Ibrahim hatte zwei Augen voller Hoffnung,
die die Niederlagen der Vergangenheit brachen,
die schön war trotz dieser Niederlagen.
Seine Stimme war ihr Gefängnis.
Ich sah seine Leiche. Sie sang noch immer,
und die Melodien bleiben unbemerkt
von den Geheimdiensten des Friedhofs
und schleichen jede Nacht in die Gefängnisse.
Sie reinigen die Tränen der Gefangenen,
trocknen ihre Körper, die nass sind vom Blut
und versprechen ihnen den Anblick des Himmels.
Ghyath war ein Quellwasser,
dessen Hast die Dämme nicht stoppen können
und den die Wüste nicht austrocknen kann.
Er sagte irgendwann:
Glaub, dass du kannst, und du wirst können.
Er konnte das Leben, bis jetzt, trotz dessen,
was sie in sein Herz vom Tode gossen.
Michaal besuchte den Friedhof, um seinen Kindern etwas zu singen,
wie er es machte, bevor eine Bombe sie stahl.
Er wollte nicht davon überzeugt sein, dass sie tot sind.
Sie schlafen, sagte er.
Meine Tränen werden nicht
das Schweigen dieser komplizischen Welt brechen,
sondern sie werden sie bald versinken lassen
oder sie werden sie vielleicht
unter dem Licht des Rechtes bloßstellen,
damit sie nicht fähig wird, vorm Gesicht der Wahrheit zu fliehen,
und Thaer, den sie töteten, nachdem er
den Gefängniswärter und sein Gefängnis bespuckte,
sagte vor der Befreiung seiner Seele:
Liebt das Leben, aber hasst die Welt.

Die Toten, die wir liebten und die uns liebten,
verleihen uns das, was in ihren Herzen an Schlag übrigblieb,

damit wir im Leben weitergehen
oder damit das Leben in uns weitergeht.
Nur für diese bin ich dankbar.

Die schönen Momente erleben wir nie in der Gegenwart; wir
erkennen ihre Schönheit erst, wenn sie ein Teil der Vergangenheit
werden oder wenn wir ein Teil der Zukunft werden,
und deshalb wurde das Verlieren kein Grund für Traurigkeit
mehr. Es wurde zu einem Freund. Zu einem treuen Freund
wurde es.

Weil ich die Orte durch meine Liebe zu den Menschen liebe,
an denen ich jene Menschen traf, sehne ich mich nach jenen Orten
wie ich mich nach jenen Menschen sehne.
Ich lernte sie auswendig; Straße – Straße, Ecke – Ecke,
Liebender – Liebender und Liebende – Liebende.
Der Schmerz wurde zu zwei Schmerzen.
Sie sind immer gegangen, und ich bin immer zurückgekommen,
aber mein Herz ist immer mit ihnen gegangen.
Nur meine Sehnsucht nach ihnen kam immer mit mir zurück.

Nur zu traurigen Geschichten wurde unser ganzes
sprachliches, zivilisatorisches und kulturelles Erbe.

Eine witzige Wirklichkeit, die zum Weinen bringt.
Vielleicht gibt es irgendetwas, das starb und nicht wieder leben
wird, aber trotzdem sind der Kampf gegen die Wirklichkeit und
ihr Nichtzulassen der erste Schritt zur Auferstehung.
Das Niederlageneingeständnis ist ihr Wirklichwerden
und die Teilnahme an ihrer Herstellung.
Diese Niederlage war ein Schicksal, das wir akzeptieren mussten,
aber wir lehnten sie ab und wir lehnen sie immer noch ab.
Diese Ablehnung beweist, dass der Sieg nicht unmöglich ist.
Nein … wir sind keine Helden, obwohl wir den Tod herausfor-
dern. Unsere Normalität, unsere Einfachheit und unsere Sponta-
neität der Herausforderung an ihn und an seiner Niederlage ist
das, was uns »Heldentum« verleiht.

Ein Schwätzer sagte: Wirst du weggehen?
Ich sagte: Dieser Krieg ist Theater
und wir sind nichts anderes als Komparsen.
Wir haben keine Rolle bis auf, dass wir sterben,
und ohne uns vervollständigt sich die Szene auch nicht.
Er sagte: Wirst du weggehen?
Ich sagte: War die Brust der Heimat ein Fels,
auf dem mein Kopf zusammenbrach, als ich dort einschlafen
wollte? Vielleicht werde ich weggehen, und du?
Er sagte: Ich liebe meine Heimat und will von ihr nicht weggehen.
Ich sagte: Liebst du deine Heimat,
oder hast du kein Geld, um wegzugehen?

Schweigen … Schweigen … Schweigen … Schweigen.
Die Zeit kam.

Der letzte Blick an den Grenzen bringt das Weinen.
Zwei Augen versuchten, die ganze Heimat auswendig zu lernen.
Nein … nicht auf Wiedersehen, sondern Lebewohl
zu allem und zu jeder Liebe.

Ich sagte mir selbst:
Solange ich den Kampfweg gegen die Götter der Waffen liebe,
werde ich auf ihm hier oder dort weitergehen …
aber dieses Herz, das über den Krieg und den Hass,
den sich der Krieg zu pflanzen gewöhnte, siegte,
zerbrach über dem Weinen eines Kindes,
dessen Rettungsring seine Mutter entfernte,
damit das Meer es schnell verschlinge und es nicht
das Salz, die Kälte, den Verlust und die gefälschte Hoffnung erleide.
Hey … Flüchtling, nein …
die Sicherheitsseite ist nicht der Strand,
sondern die Tiefe des Ozeans und die Bäuche der Wale.
So beantragten sie Asyl beim Tod
als Flucht von der Härte des Lebens,
danach gingen sie im Schweigen

und ließen diese Welt
ertrinkend in ihrem sinnlosen Lärm,
der »Menschlichkeit« heißt, durch deren Fenster
die anderen unsere Schwäche betrachten
und sie vielleicht genießen.

Nein … keine Identität blieb uns übrig außer dem Asyl.
Muss ich ein Flüchtling sein, nur weil ihr mich so seht und wollt?
Von hier, also aus diesem Gedicht heraus, sage ich:
Alle Regierungen tragen die Verantwortung für mein Blut,
das gleichmäßig auf den Krieg, das Meer, die Flucht
und das Flüchtlingslager verteilt ist.
Wir sterben in unseren Heimaten wegen der Kriege,
deren Waffen ihr den Kriegern verkauft,
und wenn wir vor ihren Verwundungen fliehen möchten,
werfen die Meere unsere Leichen an eure Strände
oder kreuzigt das Warten uns an die Säulen eurer Flüchtlingsla-
ger, als ob unser Leben nichts anderes als das des Sisyphos wäre
und unser Tod nichts anderes als sein Felsblock.

Wer bin ich?
Ich bin der Sohn der Traurigkeiten des ganzen Universums
und diese Traurigkeit vor allem
kommt aus jener Liebe zu allem
und diese Traurigkeit vertieft meine Wunde,
bis ich beim letzten Punkt des Schmerzes ankomme,
dann schreie ich:
Es macht mir keine Angst mehr, dass ich keine Angst habe.
Nein … kein Sinn blieb in meinem Leben übrig,
außer der Anklage.
Ich klage die ganze Welt an,
dass sie ein Komplize
unseres Todes und unseres Mörders ist.
Dieser Sinn verbietet mir das Fallen
und schiebt mich nach vorn
und schützt in mir den Sarkasmus und die Verrücktheit.

Nein … ich werde nicht,
sondern ich bin.
Es ist kalt draußen.
Ich liebe das arabische Brot. Ich erinnere mich daran.
Ich schmecke es in meiner Fantasie warm,
wenn es gerade aus dem Backofen geholt wurde,
dann fühle ich die Wärme.
(Jetzt im Exil, ja),
wenn ich mein Blut im Fernsehen sehe,
während es in der ganzen Welt fließt,
trinke ich ein Glas Wein, in dem ich den ganzen Schmerz,
der in dieser Welt ist, schmecke und frage:
Wenn wir irgendwann zurückkommen,
werden wir als wir oder als andere zurückkommen?
Und falls alles dasselbe wäre,
würden die, die gingen, zurückkommen?
Hoffnungslosigkeit atmet immer noch,
und die Hoffnung erlebt immer noch das Ersticken.

Wer bin ich? Ein Liebender …
eingeschlossen von unbekannter Gegenwart,
hängend zwischen Heimat-Vergangenheit und Exil-Zukunft
und er schreit ihre Größe zusammen,
also die Größe des Exils und die Größe der Heimat …
einsam, traurig, weit weg von allem und fremd in allem,
ohne Wärme, ohne Licht und ohne Geliebte.
Die Nachtzeit schläft nicht, und der Schlaf unterscheidet nicht
zwischen der Nachtzeit und dem Tag;
dann kommt er nicht.
Wegen meiner Maßlosigkeit in der Einsamkeit
und der Fremdheit von der Welt
wurde ich
zum Freund dessen, der keinen Freund hat,
wurde zur Mutter jedes Waisen,
wurde zum Bruder dessen, der keinen Bruder hat

und wurde zum Geliebten derer,
die keinen Geliebten hat.
So, kurz gesagt …
dass der Mensch im Exil ist,
bedeutet,
dass er dem Feuer angehört,
bis hin zu den Verbrennungen im Herzen,
die nicht und nie geheilt sein werden.

حلب ... مدينة التّعب

هاهم ثانية يسرقونها و يتقاسمونها و لا شاهد إلا قلبي النازف
و كثير من اليأس, كاليأس في شوارع سوريّة.
هنا حلب ...
قلبي جدول يسقي كلّ وردة على طريق لا معنى له بدون حرّيّة.

الآن نحن في شتى بقاع الأرض و الدمّ- دمنا - أسرع من تضامنكم.
أنا أعترف: لقد تعبتُ من كلّ شيء.
كلّ العصافير قد رحلتْ و بقيتُ وحدي.
أحب وحدي, أموت وحدي, لا ابتسامة تطهّرني من التعب
سوى ابتسامة الحزن فوق ملامحي الشّقيّة.

أبكي و أشعل الشّموع لعلّ الرّفاق يفهمون معنى أن تنكسر الأحلام حزنا.
لا أحد هنا غير العيون التي مثلي تذرف الكثير من الدّموع.
تقول أمّي: أنت هناك الآن, في سلام و في أمان,
فلا تفكّر بما يجري هنا, إنّما عش حياتك حرّا مثلما تريد أنت.
هناك ... هنا, أنا أموت كلّ ليلة.
يدفنني اليأس تحت أنقاض الألم و الفقدان.
الفقدان: هو الموت الصّغير.
الموت: إنه الذي يقتات على البشر, البشر الذين مثلي بلا وطن و بلا هويّة.

هاهم يسرقونها و يتقاسمونها
و هذا العالم كلّه يحيا
بلا دنيا.
من يستطيع أن يعانقني إذا مشيتُ في الشارع؟
من يستطيع فهم هذي المواجع؟
أما من امرأة تستطيع احتضاني في الليل حين يبتدئ انكساري؟

كلّ من أحببتهم لقد خانوا, لم يفهموا مأساة ألّا تكون شيئاً.

ماذا تريدون منّا؟

و كلّ شيء قد مات حزنا؟

أمّي كذلك, هي ماتزال على الصّليب. لا تنزلوها أبداً.

اتركوها كقلبي شاهدة على وطن قتلنا و باع نفسه للآخرين.

مدينة الحبّ و التّعب من الحب.

هنا حلب.

نحن أو أنتم؟ الجميع غارق في الذّنب.

أنا لن أكون يوما إلا كما أريد,

أنا الشّهيد

و لا معنى لهذا الكون

بدون سوريّة.

Aleppo ... die Stadt der Müdigkeit

Da klauen und zerteilen sie sie wieder
und es gibt keinen Zeugen, außer meinem blutenden Herzen
und vieler Hoffnungslosigkeit,
wie die Hoffnungslosigkeit auf den Straßen Syriens.
Hier ist Aleppo.
Mein Herz ist ein Bach,
der jede Blume auf einem Weg bewässert,
der keinen Sinn ohne Freiheit hat.

Jetzt sind wir überall auf der Erde,
und das Blut – unser Blut – fließt schneller als eure Solidarität.

Ich gebe zu: Ich wurde müde von allem.
Alle Vögel gingen weg und ich blieb einsam.
Ich liebe einsam und sterbe einsam.
Kein Lächeln reinigt mich von der Müdigkeit
außer dem Lächeln der Traurigkeit
auf meinen elenden Gesichtszügen.

Ich weine und zünde die Kerzen an,
vielleicht verstehen die Kameraden den Sinn,
dass die Träume an Traurigkeit zerbrechen.

Niemand ist da außer den Augen,
die viele Tränen, wie ich, vergießen.
Meine Mutter sagt: Du bist jetzt dort,
in Frieden und in Sicherheit,
dann denk nicht daran, was hier passiert.
Leb dein Leben frei, wie du willst.
Dort … Hier, also ich sterbe jede Nacht.
Die Hoffnungslosigkeit begräbt mich
unter den Trümmern des Schmerzes und des Verlierens.
Das Verlieren: Es ist der kleine Tod.
Der Tod: Er ist der, der die Menschen frisst,
also die Menschen,
die ohne Heimat sind und ohne Identität, wie ich.

Da klauen und zerteilen sie sie,
und diese ganze Welt lebt ohne Diesseits.
Wer kann mich umarmen, falls ich auf den Straßen laufe?
Wer kann diese Schmerzen verstehen?
Gibt es eine Frau, die mich umarmen kann,
wenn meine Niedergeschlagenheit in der Nachtzeit beginnt?
Alle, die ich liebte, verrieten.
Sie verstanden die Tragödie nicht,
dass du nichts bist.

Was wollt ihr von uns,
während alles an Traurigkeit starb?
Meine Mutter auch.
Sie ist immer noch am Kreuz.
Holt sie nicht herunter.
Lasst sie, wie mein Herz, sein,
also eine Zeugin für eine Heimat,
die uns tötete
und sich selbst den anderen verkaufte.

Eine Stadt der Liebe
und der Müdigkeit von der Liebe.

Hier ist Aleppo.
Wir oder ihr?
Alle ertrinkend in der Schuld.
Ich werde nie eines Tages sein,
außer was ich will.
Ich bin der Märtyrer,
und dieses ganze Universum
ist ohne Bedeutung
ohne Syrien.

إعلان

و قد علّمونا منذ أن كنّا صغارا:
لا تنتظر شيئا من الوطن,
إنّما أنت الذي يجب أن يعطيه
محبّة و انتماء و إكبارا.
و حين كبرنا بعد أن دار الزّمن
و جرّبتُ كلَّ ألوان المشافي
و عشتُ كلَّ أحزان المنافي
و خسرتُ كلَّ أنواع القوافي
في محاولتي لكي أحميه,
قرّرتُ أن أقولها و في العلن:
وطن ليس يعطيني حقوقي و أهدافي
لا يستحقّ أن أعيش فيه.

Verkündung

Als wir Kinder waren,
lehrten sie uns:
Erwarte nichts von der Heimat,
sondern du musst der Heimat
Liebe, Zugehörigkeit und Respekt geben,
und als wir wuchsen, nachdem die Zeit verging
und ich alle Farben der Krankenhäuser probierte
und alle Traurigkeiten der Exile erlebte
und alle Arten von Reimen verlor,

im Versuch,
sie zu schützen,
entschied ich jetzt,
es öffentlich zu sagen:
Eine Heimat,
die mir
meine Rechte und meine Ziele
nicht gibt,
verdient nicht,
dass ich in ihr lebe.

بيْع

خذوه.
ما عاد ينفع بعد أن خسر إنسانه.
انقعوه
و اشربوا مياهه العكرة
و سمُّوها -إذا شئتم- خيانة.
نعم, نعم, نعم,
عن الوطن أتحدّث,
هذه الأرض التي اتّسعتْ للجميع
و ضاقت بنا مثل زنزانة.
و على سبيل حرقة القلب في منقل الألم,
سوف أشتري من المنفى بعض الكرامة,
بعدما شبعتُ في وطني الإهانة.

Verkaufen

Nehmt sie.
Sie ist nicht mehr nützlich,
nachdem sie ihren Menschen verlor.
Weicht sie ein
und trinkt ihr trübes Wasser
und nennt es – wenn ihr wollt – einen Verrat.
Ja, ja, ja,
ich rede über die Heimat,

also diese Erde,
die für alle ausreichte
und sich für uns wie eine Zelle verengte,
und als Herzbrandblase im Grill des Schmerzes
werde ich etwas Würde vom Exil kaufen,
nachdem ich
in meiner Heimat
satt von den Beleidigungen
wurde.

قرار بالرّحيل

أمّا أنا فوطني حيث لا أموت قهرا
أما هذا الشّيء المسمّى وطنا زورا و قسرا
و كلّ شيء فيه يزداد سوءا
فقد أصبحتُ متأكّدا أنّه مثلهم و ليس من دمنا بريئا.

ابقَ, قال مدمن شعارات فقدت بريقها.
قلتُ: إنّ وطنا لم يحافظ على حلمي و لا يستطيع أن يحميه,
لا يستحق أن أعيش أن فيه.
قال: هل ستبيعه؟
قلتُ: أردتُ شراءه لكنه باعنا كما يبيع خائن ضميره.
قال: لا, ليس خائنا إنّما نحن الخون.
قلت: ماذا تسمّيه إذن؟
وطن يوزّع شعبه على الأوطان,
يبيعهم لها لتذلّهم و بالمجّان,
واحد إلى استانبول و واحد إلى لبنان
و آخر إلى بلاد الغرب و آخر إلى طهران
و من بقي فيه صار أقلّ من حيوان.
إنه وطن لا يستحق أن يموت لأجله الإنسان و لا أن يعيش لأجله الإنسان.
قال: ها أنت قلتها, ذلَّ, الغربة ذلَّ.
قلتُ: لا, ليستْ الغربة في أن نرحل عن الوطن إنما أن يرحل الوطن منّا. نحن إذن و منذ ولادتنا دون
وطن. لقد أحببناه, لكنّ مأساته أو مأساتنا أنّه غربة عشّاقه. لقد صار مطفأ من كلّ جهات الحياة,
عقليًا و روحيًا و جسديًا. كلّ شيء فيه أصبح عاطلاً عن العمل
إلا الألم فإنه وحده ليلا و نهارا يصيب كلّ شيء بانعدام الأمل.
قال ماذا تتمنى؟

27

قلتُ: يا ليتني قطعة أثريّة لكي يهرّبني تاجر الأزمات
إلى حيث لا تستطيع كلاب المخابرات شمّ رائحتي.
قال: حسنا, هاجر و لكن قبل ذلك عرّف لي الوطن.
قلت: حسنا, عدّ ما يلي:

1_ الوطن مكان رحب, بكلّ شيء ما عدا هذا القلب.
2_ الوطن هو الشّيء الذي كنّاه دوما لكنّه لم يكنّا يوما.
3_ الوطن هو الشّيء الذي لا يغني و لا يسمن من جوع
و لا تأمن فيه عيون العاشق على ما تذرفه من دموع.
4_ الوطن هو المكان الذي فيه اليمين كاليسار
و الأمام مسدود و الوراء يشدّنا باتجاه الإنهيار.
5_ الوطن هو القيمة التي حاربتُ بها كلّ شيء لكي لا أفقد قلبي و عقلي
لكنّها لم تحارب أبدا لأجلي.
6_ الوطن هو القاتل الذي لا يبصق إلّا أبناءه الذين يحبّونه بدون مقابل.
7_ الوطن هو هذه الأرض المبتلاة بأنظمة الخيانة و بالشّعوب الجبانة.
8_ الوطن هو الرّاقصة التي رقصت للجميع
و حين جاء دوري لآخذ حصّتي من مفاتنها و حسنها الغاوي, تابت و تطرّفت لتوبتها النصوحة
و لم تجد سواي كي تمارس فيه كلّ الحدود و الفتاوي و الشّعارات المنافقة و القوانين القبيحة.
9_ الوطن عاهرة
تعرّت حتى استثارتني, ثمّ نصبتْ عليّ و هي تضحك ساخرة.
دفعتُ لها جميع أحلامي الجميلة الزّرقاء
مقابل فرحة, فإذا بها تخون و تعطي بلا ثمن مفاتنها للأعداء و الغرباء.
10_ الوطن هو الحبل الذي يطاردني ليشنقني بتهمة حبّي له و شجني.

قال: كفى. هاجر و لكن ماذا تريد أن تقول للوطن قبل هجرتك؟
قلت: عدّ ما يلي:
1_ وطني الذي أصبح قصّة يوميّة على الأخبار,
هل أقول „ يا ليتني لم أثُر ", هل ألعن الثورة؟ هل أشتم الثُوار؟
2_ وطني المدمّر النفوس و البيوت,
مازلتَ ترفض الحياة و نحن مازلنا نموت.
3_ نعم أفديكَ يا وطني
لكن لا سبب يبقى كي تعيش لأجله إن أنا أصبحتُ في كفني.
4_ مازلتُ أكبر يا وطني قدُرا و قيمة
لأني أرفض العبوديّة
و مازلتَ تصغر كلّ يوم لتصبح مرادفا للجريمة و الهزيمة
لأنَك ترفض الحريّة.

5 _ ها قد صرتَ يا وطني وطنا للجميع ما عداي و جعلتني شخصا سواي.

6 _ أيها الوطن البلا ماضٍ و لا حاضر و لا مستقبل,

سأرحل

بعيدا عنك

لأعيش منتقما لأجلك منك.

7 _ ألأنّنا سنرحل عنك إلى هناك, سوف تتهمنا بالخيانة يا وطن؟

حسنا إذن, لو لم تكن تستحقّ الخيانة لما خنّاك.

قال: كفى. كم هو مؤلم, كم هو مؤلم, كم هو مؤلم.

قلتُ: لا يؤلمني الآن أن وطني قد انكسر,

لكنّ ما يؤلمني و يُبكيني تحت أنقاض الشّجن,

أنّه هو الذي كسر حلمي بأن أداويه.

ما يؤلمني أنّ حلمي بمداواة الوطن قد انكسر على يد الوطن.

Entscheidung für den Weggang

Meine Heimat ist aber, wo ich nicht an Traurigkeit sterbe.
Ich wurde mir sicher darüber,
dass dieses Ding, das gefälscht und gezwungenermaßen
eine Heimat heißt, in der alles schlimmer wird,
an unserem Blut nicht schuldlos ist.

Bleib, sagte mir ein Süchtiger der Grundsätze,
die ihren Glanz verloren.
Ich sagte: Die Heimat, die meinen Traum nicht aufrechterhielt
und ihn nicht schützen konnte,
verdient es nicht, dass ich in ihr bleibe.
Er sagte: Wirst du sie verkaufen?
Ich sagte: Ich wollte sie kaufen, aber sie verkaufte uns,
wie ein Verräter sein Gewissen verkauft.
Er sagte: Nein … sie ist kein Verräter, aber wir sind die Verräter.
Ich sagte: Also, wie nennst du sie dann?
Eine Heimat verteilt ihre Menschen auf die Länder,
verkauft sie ihnen, aber kostenlos, also
einen nach Istanbul und einen in den Libanon
und einen in den Westen und einen anderen nach Teheran;
und wer in ihr blieb, wurde weniger als ein Tier.

Diese Heimat verdient es nicht,
dass der Mensch für sie stirbt und dass der Mensch für sie lebt.
Er sagte: Du sagtest es, Demut, die Fremdheit ist Demut.
Ich sagte: Die Fremdheit ist nicht, dass wir aus der Heimat weg-
gehen, sondern, dass die Heimat aus uns weggeht;
wir sind seit unserer Geburt ohne Heimat.
Wir liebten sie, aber ihre Tragödie ist, dass sie die Fremdheit ihrer
Liebenden ist. Sie wurde erloschen von allen Richtungen des
Lebens, geistig, seelisch und körperlich.
Alles in ihr wurde arbeitslos bis auf den Schmerz.
Nur er trifft alles mit der Hoffnungslosigkeit, Tag und Nacht.
Er sagte: Was wünschst du dir?
Ich sagte: Ich wünsche mir, dass ich eine Reliquie bin,
damit der Krisenhändler mich dorthin schmuggelt, wo die Hunde
des Geheimdienstes meinen Geruch nicht riechen können.

Er sagte: Okay, emigriere, aber davor definiere mir Heimat.

Ich sagte: Okay, zähle das Folgende:
1. Die Heimat ist ein weiter Ort für alles, außer diesem Herzen.
2. Die Heimat ist das Ding, das wir immer waren,
aber das niemals wir war.
3. Die Heimat ist das Ding,
das weder fett macht noch gegen den Hunger nützt,
.und dem die Augen des Liebenden nicht anvertrauen,
was sie an Tränen vergießen.
4. Die Heimat ist der Ort, an dem die Rechte wie die Linke ist
und das Vorn verstopft ist
und uns das Hinten in die Richtung des Zerfalls zieht.
5. Die Heimat ist der Wert, mit dem ich alles bekämpfte,
um mein Herz und meinen Verstand nicht zu verlieren,
aber er kämpfte nie für mich.
6. Die Heimat ist der Mörder, der niemanden bis auf seine Söh-
ne, die ihn umsonst lieben, ausspuckt.
7. Die Heimat ist diese Erde, die mit den Regimes des Verrats
und den feigen Völkern gestraft ist.

8. Die Heimat ist die Tänzerin, die für alle tanzte,
und als mein Auftritt kam, damit ich meinen Anteil an ihren
Reizen und ihrer verlockenden Schönheit hatte,
bereute sie und übertrieb in ihrer aufrichtigen Reue
und fand niemanden außer mir, an dem sie alle Grenzen, Rechts-
gutachten, scheinheiligen Grundsätze
und hässlichen Gesetze ausübte.
9. Die Heimat ist eine Hure, die sich entblößte, bis sie mich reiz-
te, und dann nahm sie mich aus, während sie ironisch lachte.
Ich bezahlte ihr alle meine schönen blauen Träume für eine Freu-
de, dann verriet sie mich und gab ihre Reize
den Feinden und Fremden kostenlos.
10. Die Heimat ist das Seil, das mich verfolgt, um mich zu erhän-
gen,
mit der Schuld meiner Liebe zu ihr und meiner Wehmut.

Er sagte: Genug. Emigriere, aber
was willst du der Heimat vor deiner Migration sagen?

Ich sagte: Zähle das Folgende:
1. O zu dir meine Heimat, die zu einer täglichen Geschichte in
den Nachrichten wurde, sage ich:
Ich hoffe, dass ich nicht rebellierte?
Verdamme ich die Revolution? Beschimpfe ich die Rebellen?
2. O meine Heimat, deren Menschen und Häuser zerstört wur-
den, du lehnst das Leben immer noch ab und wir sterben immer
noch.
3. Ja, meine Heimat, ich opfere mich für dich,
aber es gibt keinen Grund mehr, für den du lebst,
wenn ich in meinem Leichentuch liege.
4. O meine Heimat,
ich wachse immer noch als Größe und als Wert,
weil ich die Sklaverei ablehne,
und du verminderst dich jeden Tag,
um ein Synonym des Verbrechens und der Niederlage zu sein,
weil du die Freiheit ablehnst.

5. Ach, meine Heimat,
da wurdest du eine Heimat für alle außer mir
und machtest mich zu jemand anderem.
6. O du Heimat, die ohne Vergangenheit, ohne Gegenwart
und ohne Zukunft ist,
ich werde weggehen, weit weg von dir,
um an dir, für dich, rächend zu leben.
7. Weil wir von dir dorthin weggehen,
wirst du – Heimat – uns wegen Verrats anklagen?
Nun gut, wenn du den Verrat nicht verdient hättest,
hätten wir dich nicht verraten.

Er sagte: Genug, wie schmerzhaft,
wie schmerzhaft, wie schmerzhaft es ist!

Ich sagte: Es schmerzt mich jetzt nicht,
dass meine Heimat zerbrach,
aber das, was mich schmerzt
und zum Weinen unter den Trümmern der Wehmut bringt,
ist, dass sie die ist, die meinen Traum davon brach,
dass ich sie heile.
Was mich schmerzt, ist,
dass mein Traum von der Heilung der Heimat
auf den Händen der Heimat zerbrach.

اللّحظات الأخيرة

أمّا أنا
فلم أهجر هذه البلاد إلّا حين هجرتني.
نعم ...
و ببالغ الألم,
أحبّ الوطن لكنّ الوطن لا يحبّني.
إلى أين؟ إلى حيث يحترم الوطن المواطن.

انتبه لنفسكَ و كن كما تريد أن تكون, قال والدي عند لحظة الفراق.
قلتُ عند العناق:
و أنت أيضا لا تمت, فإنني أحتاج إليك حيّا.

قال: لم أستطع حماية حقّي في الحياة كما أريد,
لكنّني لن اتنازل عن حقّي في الموت كما أريد.

لم أستدر,
كنتُ أمتلك من الإنكسار ما يكفي لأرحل دون أن أودّع أحدا,
فأخسر ضحكة أخرى و أربح لوعة أخرى.
سلام على الجميع ... سلام على الذكرى.

سائق السّيارة الذاهبة إلى المنافي قال مازحا:
ستحبُّ الوطن أكثر في الغياب.
قلتُ جادًا: لم أحبّه في الحضور لكي أحبّه في الغياب.
قال جادًا هذه المرّة: كلّما يمّمتَ وجهك نحو بلد من بلاد الآخرين,
سيزداد كرهك لهذا الوطن الذي لم يعطكَ فرصة لكي تحبّه, فأهداكَ إلى الغربة.
لا بأس أن تشتاق و لكن احذر الحنين, فإنّه مدمّر,
إذ يشدّك للوراء و أنت في أمسّ الحاجة إلى المشي نحو الأمام.

خمس و عشرون عاما في هناك,
خمس و عشرون عاما في وطن
و الخمس و عشرون عاما الأخرى سوف أنثرها على البلدان.
أيَ كفّة إذن
سوف ترجح في الميزان؟
لا ... لن أتذكّر الوطن
حينما أنظر إلى وجهي في المرآة,
إنّما سوف أتذكّره
كلّما التقيتُ بغريب مثلي
ضائع مثلي
بين الحنين
و الذّكريات
و المجهول
و الحرمان.

Die letzten Momente

Ich emigrierte aus diesem Lande nicht,
verließe sie mich nicht.
Ja, mit großem Schmerz
liebe ich die Heimat,

aber die Heimat liebt mich nicht.
Wohin?
Wo die Heimat den Bürger respektiert.

Pass auf dich auf
und sei, wie du sein willst,
sagte mein Vater
im Moment der Trennung.
Ich sagte bei der Umarmung:
Du auch, stirb nicht,
weil ich dich lebendig brauche.
Er sagte: Ich konnte mein Recht auf das Leben,
wie ich es will, nicht schützen,
aber ich werde
die Finger von meinem Recht auf den Tod,
wie ich ihn will, nicht lassen.

Ich drehte mich nicht um.
Ich hatte von der Niedergeschlagenheit,
was genügt, damit ich weggehe,
ohne jemanden zu verabschieden,
sonst verliere ich noch ein Lächeln
und gewinne noch eine Qual.
Frieden sei auf allem …
Frieden sei auf der Erinnerung.

Der Fahrer des ins Exil gehenden Autos
sagte humorvoll:
Du wirst die Heimat
in der Abwesenheit mehr lieben.
Ich sagte ernst: Ich liebte sie in der Anwesenheit nicht,
damit ich sie in der Abwesenheit liebe.
Er sagte, ernst dieses Mal:
Wann immer du
einem Land von den Ländern der anderen
begegnest,
wird dein Hass auf diese Heimat steigen,

die dir keine Chance gab,
damit du sie liebst;
dann schenkte sie dich der Fremdheit.
Es ist nicht so schlimm, dass du sie vermisst,
aber hüte dich vor der Sehnsucht,
weil sie sehr zerstörend ist,
wenn sie dich zurückzieht,
während du ein sehr starkes Bedürfnis
nach dem Laufen nach vorn hast.

Fünfundzwanzig Jahre dort,
also fünfundzwanzig Jahre in einer Heimat
und die anderen fünfundzwanzig Jahre
werde ich auf die Länder streuen.
Welche Schale der Waage
wird dann überwiegen?
Nein …
ich werde mich an die Heimat nicht erinnern,
wenn ich mein Gesicht im Spiegel anschaue,
sondern ich werde mich an sie erinnern,
wann immer ich
einen Fremden wie mich treffe,
also einen Verlorenen wie mich
zwischen der Sehnsucht,
den Erinnerungen,
dem Unbekannten
und der Entbehrung.

حلب ... الدّقيقة الأخيرة

كالعادة اجتمعوا.
كان الجميع حاضرا سوى ذاتي.
أكلوا و شربوا نخب الإتفاق
و لم يكتفوا بأنهم قد قرروا من قبل متى و كيف كان موتي
إنما و يقررون الآن متى و كيف سوف أحيا حياتي.
كنتُ أبكي و كان أطفال بلادي هنا و هناك

إما في المخيّمات يحاكمون العالم كلّه على خيانته

أو في السماء يحاكمون الإله على خذلانه الماضي و على خذلانه الآتي.

كالعادة اجتمعوا و مازلتُ أسأل:

إذا كان الجميع يحارب الإرهاب فأين أو فمن هو الإرهاب؟

أو سأصيغ السّؤال بصورة أفضل: كيف للإرهابيّ أن يحارب الإرهاب؟ هل هناك إرهابيّ جيّد و إرهابيّ سيّء؟ هل هناك فرق بين إرهاب دولة „ روسيا مثلا أو أمريكا أو تركيّا " و بين إرهاب نظام سياسيّ „ النّظام السّوريّ مثلا أو النظام الإيرانيّ أو النّظام السّعوديّ " و بين إرهاب تنظيم مسلّح „ القاعدة مثلا أو داعش أو حزب الله " ؟ هل هناك قاتل جيّد و قاتل سيّء؟

أنا مازلتُ أُقتَل.

الجميع يرفع اسم الوطن

و الجميع يحاربون بعضهم تحت آلاف الرّايات

و لا أحد يدفع الثّمن

إلا الأبرياء و الأمّهات

و العاشق الذي لم يبقوا له غير أن يرحل.

كالعادة اجتمعوا و قرّروا ما ليس يعنيني و لا يعيد ما فقدته.

لقد كان لي بيت جميل, قضى والدي حتّى تمكّن من شرائه

عشرين عاما من شقائه

لكنّهم لم يكتفوا بأنّهم قد دمّروه

إنّما سرقوه.

لم يتركوا حتّى أسلاك الهاتف النّحاسيّة.

لقد تركوا مكتبتي فقط.

تقول أمي ساخرة: لم يتركوا شيئا سوى كتبك.

أقول: هؤلاء لا يحتاجون إلى الكتب. لو أنّهم يقرؤون لما أصبحوا قتلة.

لم يبكِ أبي و هو يتأمّل الحطام. قال: لا يهم, إنّما المهم أن أولادي بخير.

لكنّ السّنين قد علّمتني بأنّه عندما لا يبكي أبي,

فإن الجرح قد تجاوز كلّ حدٍّ في الألم و في الغضب.

رجل شارد في حطام منزله أو في حطام عمره,

فالمنزل عمر من العمل و التّعب.

كالعادة اجتمعوا

و وصّفوني كما شاؤوا و ما صنعوا.

أنا لم أكن قاتلا

لكنني كنتُ إنسانا أراد أن يقول للقاتل „ كفى قتلا ".

أنا كنتُ لوحة من كبرياء

لكلّ شعب من شعوب الأرض لون من ألوانها.
أنا رجّا لم أعد أملك فرصة لأستمرّ في حربي
ضدّ قباحة الأرض و ضدّ قباحة السّماء
في سبيل جمال ثوريّ نحو الحياة و الحريّة الزرقاء.
أنا رجّا سأرفع راية بيضاء
لكنّي لن أسلّم القلب الحزين.
مازال في حلب مكان للحنين
لأنزوي فيه و أحتسي كأسا من بكاء.
رجّا نخب إيجادي لزاوية لم يدمّرها الطغاة حتّى الآن
و رجّا نخب جيل لابدّ أن يأتي ليعيد ترميم قلبي
و يبدأ بالبناء
و ليشهد أننا عشنا كما شئنا
لما شئنا
بما شئنا
و سوف نحيا دائما مثلما نحن نشاء,
لا كما يشاء الذين مثل العادة اجتمعوا
و لم يقرروا غير المزيد من الدّماء.
مازال في حلب مكان سوى يكفي للغناء.
(آه حلب, يا درب الحزن و الآلام),
وردة منك ستكفي ليغرق الكون كلّه بالعطر و بالسّلام.

آه حلب, ها أنتِ تقفين أمام التاريخ بكلّ اعتزاز
مهزومة في المعركة
و منتصرة إنسانيّا و أخلاقياً على العالم كلّه الذي
يقف بدوره أمام التاريخ مذلولا خاشعا متصدّعا
أمام الورود التي تفتّحتْ مسقيّة من دم الأطفال.
يا أطفال بلادي أنا آسف.
بابا نويل ليس لديه وقت لكم.
لا أحد لديه الوقت
من أجلكم إلا الموت.
برد الشتاء قاس
لكنّه أحنّ من قلوب الآخرين.
الساعة الآن السادسة مساء و دقيقة.
أقف على أرواحكم دقيقة صمت
لكنّ العالم كلّه

Aleppo … die letzte Minute

Wie immer trafen sie sich.
Alle waren anwesend bis auf mein Selbst.
Sie aßen und tranken zum Wohl auf den Konsens
und es war nicht genug, dass sie vorher entschieden,
wann und wie mein Tod war,
sondern sie entscheiden jetzt,
wann und wie ich mein Leben leben werde.
Ich weinte
und die Kinder meiner Heimat waren hier und dort
entweder im Flüchtlingslager gegen die ganze Welt
wegen ihres Verrats prozessieren
oder im Himmel gegen Gott wegen
seiner vergangenen Enttäuschungen
und seiner kommenden Enttäuschungen.

Wie immer trafen sie sich und ich frage immer noch:
Falls alle den Terrorismus bekämpfen,
wo oder wer ist der Terrorismus?
Oder ich werde die Frage besser formulieren:
Wie kann ein Terrorist einen anderen Terroristen bekämpfen?
Gibt es einen guten Terroristen und einen schlechten Terroristen?
Gibt es einen Unterschied zwischen dem staatlichen Terroris-
mus – Russlands, der USA oder der Türkei zum Beispiel –, dem
Terrorismus eines politischen Regimes – des syrischen, iranischen
oder saudi-arabischen zum Beispiel – und dem Terrorismus von
bewaffneten Gruppen – al-Qaida, IS, Hisbollah zum Beispiel?
Gibt es einen guten Mörder und einen schlechten Mörder?
Ich sterbe immer noch, getötet:
Alle halten den Namen der Heimat hoch

und alle bekämpfen einander unter tausend Flaggen,
und niemand bezahlt den Preis
bis auf die Unschuldigen und die Mutter
und den Liebenden, dem sie nichts ließen,
außer dass er weggeht.

Wie immer trafen sie sich und entschieden,
was mir egal ist
und was mir nicht zurückgeben kann, was ich verlor.
Ich hatte ein schönes Haus, für das mein Vater
zwanzig Jahre mit Müdigkeit bezahlte, um es kaufen zu können.
Es war nicht genug, dass sie es zerstörten,
sondern sie raubten es auch aus.
Sie ließen nicht einmal die kupfernen Telefonkabel übrig.
Sie ließen nur meine Bibliothek.
Meine Mutter sagte zynisch:
Sie ließen nichts außer deinen Büchern.
Ich sagte: Diese brauchen keine Bücher,
wenn sie lesen würden, würden sie nicht zu Mördern.
Mein Vater weinte nicht, als er die Trümmer betrachtete.
Er sagte: Egal.
Das Wichtigste ist, dass meine Kinder wohlauf sind.
Aber die Jahre lehrten mich,
dass, wenn mein Vater nicht weint,
die Wunde jede Grenze des Schmerzes und der Wut überschritt.
Ein Mann betrachtet die Trümmer seines Hauses
oder die Trümmer seines Lebens,
weil das Haus ein Leben aus Arbeit und Müdigkeit ist.

Wie immer trafen sie sich und beschrieben mich,
wie sie es wollten und wie sie es machten.
Ich war kein Mörder,
aber ich war ein Mensch, der dem Mörder sagen wollte
»Genug des Tötens.«
Ich war ein Bild aus Stolz,
in dem jedes Volk in der Welt eine Farbe hat.

Vielleicht habe ich keine Chance mehr,
meinen Krieg gegen die Hässlichkeit der Erde und des Himmels
und für die Schönheit meiner Revolution,
ins Leben und in die blaue Freiheit weiterzugehen.
Ich werde vielleicht die weiße Flagge heben
und verkünden, dass ich als Kämpfer besiegt wurde,
aber ich werde nicht mein trauriges Herz abgeben.
In Aleppo gibt es immer noch einen Platz für die Sehnsucht,
an dem ich sitzen kann
und ein Glas Wein aus Tränen trinken kann,
zum Wohl, dass ich eine Ecke fand,
die die Tyrannen bis jetzt noch nicht zerstörten!
Und vielleicht zum Wohl auf eine Generation,
die irgendwann kommen muss,
um mein Herz zu erneuern
und mit dem Wiederaufbau anzufangen
und um zu bezeugen,
dass wir lebten, wie wir wollten, für was wir wollten
und mit was wir wollten
und wir werden immer leben, wie wir wollen
und nicht, wie es die andern wollen, die sich wie immer trafen
und nichts entschieden bis auf mehr vom Blut.
In Aleppo gibt es immer noch einen Platz,
der genug für den Gesang ist
»(o Aleppo, du der Weg der Traurigkeit und der Schmerzen),
eine Blume von dir genügt,
damit das ganze Universum im Duft und Frieden ertrinkt.«

O Aleppo, da stehst du vor der Geschichte
mit ganzem Stolz, besiegt in der Schlacht
und siegend menschlich und moralisch
über die ganze Welt, die auch vor der Geschichte steht,
demütig, unterwürfig und baufällig vor den Blumen,
die erblühten, vom Blut der Kinder bewässert.
O Kinder meiner Heimat, es tut mir leid.
Der Weihnachtsmann hat keine Zeit für euch.

Niemand hat Zeit für euch, bis auf den Tod.
Die Kälte des Winters ist hart,
aber sie ist zärtlicher als die Herzen der Anderen.
Es ist die erste Minute nach 18 Uhr.
Ich halte jetzt für eure Seelen eine Schweigeminute,
aber die ganze Welt muss für eure Seelen
Schweigeewigkeit halten.

تهجير

شيء ما ليس صحيحا يحدث.

رائحة الفجر يسمّمها عهر القهر.

ماتت كلّ طموحاتٍ, حتّى ذاتي ما عادت تقنعني.

قتلوني في الأشياء و قتلوا في الأشياء

فلا الأرض هي الأرض و لا الأزرق بعد اليوم سيمكنه تشكيل سماء

أو تجريد الله من الحراس,

لكي يتجلّى بوضوح لجميع النّاس.

لقد مات اللّون

و بين الدّين و بين الدّولة قتلوا كلّ الألوان

و لم يبقوا من عشقي إلّا اللّعنة

و اللّعنة باللّاعودة ستورّطني.

أنا هاجرتُ أو هُجّرتُ و ليس أظنّ هنالك فرقا في المعنى

فالهجرة إن يزداد عليها حرف أو تنقص حرفا أو تتغيّر فيها الحركات,

فليس يغيّر في القصّة غصّتها

أو في الغصّة قصّتها.

لا.. أنا لا يمكن أن أحيا في دنيا ليست تشبهني.

اسمي أصبح يهرب من كتب التاريخ

و تاريخي أصبح يهرب من زمني.

قتلوا كلّ الأشياء هناك. قتلوا حتّى الذكرى

و ليلى مازالتْ تسألني: أينكَ يا قيسُ من الأطلال؟

أينكَ من عينيّ تهبها الكحل بشِعركَ؟

أين جنونك من شجني؟*

---

* قيس و ليلى قصّة حب حقيقيّة من الأدب العربي بين شاعر اسمه قيس و امرأة اسمها ليلى

41

قلتُ و جبل قفز على ظهري: لم يبقَ شيء يستأهل أن أبقى
الغربة أنقى
من وطن أصبح مبغى للقاصي و الدّاني
عهّر أحزاني,
أقاتلُ قاتله فيقاتلني.

وطن و أنا منفيٌّ فيه
باع دمائي للأعداء و وهب لمن خانوا تربته ثمني.

لا تتّهمي وطنيّة روحي يا ليلى..
أنا ما خنتُ طريقي
لكن (قاومتُ الموتَ فهجّرني وطني).

Vertreibung

Etwas nicht Richtiges passiert.
Den Geruch des Morgens vergiftet
die Unzucht der Bezwingung.
Alle meine Träume starben.
Auch mein Selbst
kann mich nicht mehr überzeugen.

Sie töteten mich in den Dingen
und die Dinge in mir.
Die Erde ist nicht mehr die Erde
und ab sofort kann das Blau
den Himmel nicht mehr gestalten
oder den Gott von den Bewachern befreien,
damit er sich allen Menschen klar zeigt.
Die Farbe starb
und zwischen der Religion und dem Staat
töten sie alle Farben
und ließen von meiner Liebe nichts
außer der Verdammnis
und die Verdammnis wird mich
in das Wegbleiben verstricken.

Ich emigrierte oder wurde vertrieben.
Ich denke,
es gibt keinen Unterschied in diesem Sinne.
Wenn ein Buchstabe zu der Einwanderung ergänzt wird,
oder ihr ein Buchstabe fehlt, oder die Vokale sich ändern,
ändert sich das Herzeleid der Geschichte
oder die Geschichte des Herzeleides nicht.
Nein … ich kann nicht in einem Diesseits leben,
das mir nicht gleicht.

Mein Name flieht vor den Büchern der Geschichte
und meine Geschichte flieht vor meiner Zeit.

Sie töteten alles dort und auch die Erinnerung
und Leila* fragt mich immer noch:
O Kais,
wie weit bist du von den Trümmern?
Wie weit bist du von meinen Augen,
denen du die Mascara mit deiner Poesie verleihst?
Wie weit ist deine Verrücktheit von meiner Wehmut?

Ein Berg sprang in meinen Rücken, als ich sagte:
Nichts blieb übrig,
das verdient, dass ich bleibe.
Die Fremdheit wurde reiner als eine Heimat,
die ein Bordell für
sowohl den Weiten als auch den Nahen wurde
und meine Traurigkeiten zu Huren machte.
Eine Heimat, deren Mörder ich bekämpfe
und die dann mich bekämpft.

Eine Heimat,
in der ich verbannt bin,
die mein Blut den Feinden verkaufte,
und die meinen Preis denen verlieh,
die sie verrieten.

---

* Kais und Leila ist eine reale Liebesgeschichte aus der arabischen Literatur, zwischen einem Dichter, der Kais hieß, und einer Frau, die Leila hieß.

O Leila,
klag den Patriotismus meiner Seele nicht an.
Ich verriet meinen Weg nicht,
aber
(ich widerstand dem Tod,
dann vertrieb mich
meine Heimat).

تعب

التّاريخ,
هذا العجوز الذي مازال شابّاً و مازال مازال يكتب كلّ شيء.
مازال كعادته يضحك منّا ساخرا أو ربّما مشفقا علينا
نحن الذين و منذ الولادة مترعين بالهزيمة.
أكاد أؤمن أن الهزيمة ليستْ حدثا يعيشه الإنسان,
إنّما هي فطرة تُولَد معه,
نزعة تنمو و تكبر فيه كلّما نما و كبر أكثر.
كم حلمتُ و كم هُزمتُ أمام نفسي,
أمام هذا الواقع المترع بانتصارات الجميع على قلبي.

امرأتي التي تركتها للألم عندما هجّروني من بلادي,
حوّلَت نومي لقاعة محكمة.
عيناها تحاكمني و تسأل: لماذا رحلتَ؟
حنيني إلى دفئها هو الآخر يحاكمني.
و إذا كان يأسي هو محامي الدّفاع عني فكيف سأربح القضيّة؟
هل ظلّ قضيّة لأربحها؟
كلّ ما حولي خسارة,
أماكن الطّفولة, اقتراب الموت قهرا,
غربتي عن كل شيء و في كلّ شيء,
رائحة أمّي و أحلامي ... إلخ.
لا لم يبقَ منّي سوى الهزيمة.

أيّها التّاريخ, أيّها السّيّد المحترم:
اكتب ذات الحكاية مرّة أخرى.
أنت تحفظها عن ظهر جرح
و لكن رجاء صغير لديّ,
غيّر في تفاصيل الألم

44

و لو قليلا،

قليلا قليلا،

لعلّ النهاية تتغيّر هي أيضا قليلا.

لا ... لا تفهمني بشكل خاطئ.

أنا لا أطمح للإنتصار

و لكنني صدقا قد تعبتُ من الهزيمة.

أنا سوف أرحل.

Müdigkeit

Die Geschichte, also diese Alte, die immer noch jung ist
und immer noch immer noch alles schreibt.
Wie gewöhnlich lacht sie ironisch über uns oder mitleidig mit
uns, also wir sind die, die seit der Geburt voller Niederlagen sind.
Ich glaube, dass die Niederlage kein Ereignis ist,
das der Mensch erlebt, sondern sie ist ein Instinkt,
der mit der Geburt des Menschen geboren wird.
Sie ist eine Tendenz,
die in dem Menschen wächst, wann immer er wächst.
Wie ich träumte und wie ich von meinen Träumen besiegt war
und von mir selbst und von dieser Wirklichkeit,
die voller Sieg der anderen über mein Herz ist!

Meine Geliebte, die ich bei dem Schmerz ließ,
als die Tyrannen mich von meiner Heimat vertrieben,
änderte meinen Schlaf in einen Gerichtssaal.
Ihre Augen klagen mich an und fragen mich: Warum gingst du?
Meine Sehnsucht nach ihrer Wärme klagt mich auch an.
Wenn meine Hoffnungslosigkeit mein Anwalt ist,
der mich verteidigt, wie kann ich dann den Prozess gewinnen?
Gibt es überhaupt einen Prozess, den ich gewinnen kann?
Alles um mich herum ist ein Schaden,
die Orte der Kindheit, die Annäherung des Todes an Trauer,
meine Fremdheit von allem und in allem,
meine Träume ... und so weiter.
Nein ... nichts blieb von mir außer der Niederlage.

Hey, Geschichte, sehr geehrte Dame, schreib dieselbe Geschichte
noch einmal. Du kennst sie auswendig und aus der Wunde,
aber bitte ändere ein bisschen die Details des Schmerzes,
nur ein bisschen, nur ein bisschen,
vielleicht wird das Ende dann ein bisschen anders sein.
Nein … verstehe mich nicht falsch.
Ich träume nicht vom Sieg, aber
ich wurde echt müde von der Niederlage.
Ich werde weggehen.

فروسيّة

إذا خاننا الوطن فالمنفى اعتيادُ
و الفرسان حيثما يمضون تنخلق الجيادُ

فأيّ أرض قد تكون خيليَ الشهلا
و كلَّ أرضٍ للمحبّ هي البلادُ

Reitkunst

Falls die Heimat uns verrät,
ist das Exil eine Alltäglichkeit,
und wohin die Reiter gehen,
werden die Pferde erschaffen.

Irgendeine Erde kann
meine schöne Stute sein
und jede Erde ist
die Heimat für den Liebenden.

خيمة

حين يشتدّ ذئب الجوع على اللاجئ السوريّ,
يستعيض عن الخبز الغير الموجود بالبشريّة كلّها,
يأكلها أمّة أمّة,
يبلعها, يهضمها ثمّ يطرحها في فناء الخيمة.

حين يشتدّ البرد على اللاجئ السوريّ
يقول أبٌ باكياً: أنا لا أريد شيئا يا إلهي

سوى أن أطفالي الصِّغار يحبُّونك,

فخذهم إليكَ هكذا, لا بأس, إنَّما خذهم طبيعيًا,

من دون برد و لا جوع و دون ذبح و انفجار.

تصرخ أمُّهم: هل كلّ بترول العالم أصبح عاجزًا عن إشعال نار

في خيمة لاجئ سوريّ؟ ألا لعنة الله على الجميع.

أما أنا فأقول: سوف أبيع الوطن كلّه لأشتري كفنا لائقا لشهيد من شهداء الشّتاء.

حضارة ... حضارة ... حضارة؟

بل دعارة,

فالدمّ بحر حين تجلس الحرب في الصّدارة

و البحر دمٌّ حين يكون المهاجرون فريسة للمزاودات و للتجارة.

هو العالم كلّه قد تآمر دون رحمة

على ابتسامة الطّفل الصّغير في خيمة.

حزن, ألم, وحدة, خذلان, يأس, انتظار و أوهام.

السّلام كلّ السّلام

عليكَ أيّها الوطن الذي أسكن الملهوفين في البيوت

لا في الخيام,

فكافئوكَ بخيمة على قارعة الخوف و الآلام

و لا يزالون ... لايزالون ... لايزالون في انتظار أن تموت.

Zelt

Wenn der Wolfshunger des syrischen Flüchtlings
sich verschärft, ersetzt er das Brot,
das nicht da ist, durch die ganze Menschheit.
Er isst sie, Nation für Nation, verschlingt sie,
verdaut sie und danach kotet er sie hinter das Zelt.

Wenn die Kälte sich
gegen den syrischen Flüchtling verschärft,
sagt ein Vater weinend: O Gott,
ich will nichts anderes, als dass du meine Kinder,
die dich lieben, so zu dir nimmst.
Es ist nicht so schlimm, aber nimm sie gnädig,
ohne Kälte, ohne Hunger, ohne Schlachtung
und ohne Explosion.

Ihre Mutter schreit:
Wurde das ganze Erdöl der Welt unfähig,
das Feuer im Zelt
eines syrischen Flüchtlings zu erhalten?
Gottesverdammnis über alle.
Ich werde aber sagen:
Ich werde die ganze Heimat verkaufen,
um ein angemessenes Leichentuch
für einen der Wintermärtyrer zu kaufen.

Zivilisation … Zivilisation … Zivilisation,
vielmehr Hurerei,
dann ist das Blut ein Meer,
wenn der Krieg an der Spitze sitzt,
und ist das Meer Blut, wenn die Flüchtlinge
Beute der Auktionen und des Handels sind.
Die ganze Welt verschwor sich gnadenlos
gegen das Lächeln eines Kindes in einem Zelt.

Traurigkeit, Schmerz, Einsamkeit, Enttäuschung
Hoffnungslosigkeit, Warten und Illusionen.
Frieden … der ganze Frieden
sei mit dir, du Heimat,
die die Notleidenden in den Häusern
und nicht in den Zelten ansiedelte,
dann belohnten sie dich mit einem Zelt,
am Rand der Angst und des Schmerzes,
und sind immer noch,
immer noch,
immer noch
im Warten darauf,
dass du stirbst.

تآمر كونيّ على النازح

الزّمان: الشّتاء
المكان: خيمة على الحدود.

الخذلان
يتدلّى حبلا
من السّماء إلى الأرض,
كأنّ الله قد تخلّى عن عباده الذين
تقاسمتهم الخيام,
أو إذا كان هذا اختبارا آخرا للصّبر و الإيمان,
فإنّ النّاس قد كفروا
أو شارفوا على الكفر
بكلّ رمز للمحبّة و السّلام.

كثير من الشّهداء قد سقطوا.
لو كان للبرد عين
لانعمتْ من البكاء,
لو كان للثّلج لسان
لاعتذر من هؤلاء الأبرياء
و لقال لهم:
أنا آسف
و لكنني لستُ قاتلكم.
إنّه العالم كلّه
بكلّ من فيه و ما فيه
من الأرض
إلى السّماء.

كثير من الشّهداء قد سقطوا.
جميعنا شركاء هذا البرد الدّنيء
في اغتيال النّازحين.
جميعنا نجلس ساكتين و ساكنين
في انتظار عفو لن يجيء.

Eine globale Verschwörung gegen den Flüchtling

Die Zeit: Winter.
Der Ort: ein Zelt an den Grenzen.

Die Entmutigung
hängt vom Himmel
auf die Erde herunter,
als ob der Gott
seine Menschen verlassen hätte,
die die Zelte teilen …

Oder, falls das eine göttliche Prüfung ist,
sind die Menschen ungläubig geworden,
oder werden sie gleich
ungläubig gegenüber
irgendeinem Symbol
der Liebe und des Friedens.

Viele Märtyrer fielen.
Wenn die Kälte ein Auge hätte,
wäre es blind vor Weinen.
Wenn der Schnee eine Zunge hätte,
würde er sich bei den Unschuldigen entschuldigen.
Er würde sagen: Es tut mir leid,
aber ich bin nicht euer Mörder,
sondern das ganze Universum
mit allen und allem, was in ihm ist,
von der Erde bis zum Himmel.

Viele Märtyrer fielen.
Wir alle sind Partner der gemeinen Kälte
beim Mord der Flüchtlinge.
Wir alle sitzen still und leise im Warten,
auf ein Vergeben, das nie kommen wird.

عاصفة الموت

الآن و في القرن الواحد و العشرين,
حيث الحضارة البشريّة
وصلتْ إلى الفضاء أمّة أمّة
و حيث مفاهيم الحريّة
و الدّيمقراطيّة
و حقوق الإنسان
أصبحتْ على كلّ لسان,
يموت طفل سوريّ
من البرد في خيمة.
ياللعار,
يموت طفل سوريّ
من البرد في خيمة.

الآن بعيدا عن قوس قزح
و كما يتراكم البرد و الثّلج,
يتراكم الموت أيضا.
أما تخجل السّماء من لونها الأزرق
حين تضع كفّها في كفّه ليغتالوا الفرح؟

الآن و يسوع على الصليب
ينزف وحيدا في مواجهة العاصفة
أنادي يا محمّد يا رسول الله,
هذي ريح شريكة في الجريمة
و لا تستحقّ غير الشّتيمة.
و أنت يا ربُّ
يا ذا العيون العارفة
كفاكَ ابتلاء و اختبارا,
يكاد الوجع يفرغ قلب أيّوب
من كلّ الصّبر و الإيمان.
استجب لدعاء الناس,
استجب لتلك القلوب الرّاجفة.

الآن, أنتَ يا وطني,
يا أيّها المكان الذي
أصبح مستشفى توليد للموت,

أبصق في وجهكَ الأسو

د بكلّ مافي قلبي من مرارة الخذلان.

الآن يا وطني حقيقة,

أنت لم تعد صالحا

و مؤهّلا

للحياة و الإنسان.

Der Todessturm

Jetzt, im 21. Jahrhundert, wo die menschliche Zivilisation
in dem Weltraum, Nation für Nation, ankam
und wo die Werte »die Freiheit, die Demokratie
und die Menschenrechte« auf jeder Zunge entstanden,
stirbt ein syrisches Kind an Kälte in einem Zelt.
Was für eine Schande,
dass ein syrisches Kind
an Kälte in einem Zelt stirbt!

Jetzt, weit weg vom Regenbogen
und wie sich die Kälte und der Schnee häufen,
häuft sich der Tod auch.
Schämt sich der Himmel für seine Blaufarbe nicht,
wenn er seine Hand in seine Hand legt,
um die Freude zu ermorden?

Jetzt, während Jesus am Kreuz
einsam in Konfrontation mit dem Sturm blutet,
rufe ich ... Mohammed, Gottesgesandter,
dieser Wind ist ein Mittäter
und verdient nichts als Beschimpfung ...
Und du, Gott, der die wissenden Augen hat,
genug Prüfungen und Examen:
Der Schmerz ist im Begriff, das Herz Hiobs
von der ganzen Geduld
und dem ganzen Glauben zu leeren.
Erhöre jene zitternden Herzen.

Jetzt, du, meine Heimat, ein Ort,
der sich zum Kreißsaal der Geburt des Todes wandelte,
ich spucke auf dein schwarzes Herz mit allem,
was es in mir an Bitterkeit der Enttäuschung gibt.
Jetzt, du, meine Heimat,
bist du wirklich kein Ort mehr,
der nützlich und gut
für das Leben und den Menschen ist.

الموت القادم مع العاصفة

ثلج..ثلج.. ثلج ...

من كلّ الأنحاء أتى ليزيد البلّة طينا

في هذي الأيام المأساوية

من تاريخ الشّام.

الموت المترع بجميع الأمراض العقليّة

ما عادت كلّ الأسلحة تسدّ غريزته في خنق الأحلام

و في خلق الآلام.

ها نحن اليوم من البرد نموت.

لا غاز للتدفئة و لا مازوت,

لم يتبقّ أشجار نقطعها كي نستخدمها في المدفئة الحطبيّة.

شكرا للمجتمع الدّوليّ

على ما قدّمه من استنكارات

أمّا للصّدق مع التّاريخ فقد أدّى واجبه الكامل

إذ أعرب عن قلق جدّي و شديد

بالنّسبة لمعاناة الناس هنا في سوريّة

أو في خارجها ممن لجؤوا هربا من هول الحرب.

أيضا لا يمكن أن ننسى ما فعلته الجامعة العربيّة,

حيث لقد جادت -يحفظها الله من العين-

بآلاف التّصريحات:

_ نستنكر همجيّة هذا البرد

_ نندّد بالثلج

_ و نعرب عن قلق مشاعرنا عمّا حلّ ببستان الورد

_ سنحاول في أقرب وقت

إرسال البطّانيّات و بعض الأشياء التموينيّة.

قل يكفي.

هذي الأرض و إن جار الزّمن عليها

تبقى أصلا للتاريخ

و ليستْ أسواقَ تجاريّة.

قسما بالله

و قسما بقبور الأطفال,

هذي العاصفة الثّلجية

أكثر رفقا بالنّاس

و أصدق شرفا و حنانا و مشاعر إنسانيّة

من كلّ الموجودين

على قائمة الهيئات الدّوليّة.

Der mit dem Sturm kommende Tod

Schnee … Schnee … Schnee kommt von überall her,
um es schlimmer an diesen tragischen Tagen
der Geschichte Syriens zu machen.
Der Tod ist voll von allen Geisteskrankheiten,
und alle Waffen können seinen Trieb,
die Träume zu würgen und die Schmerzen zu erschaffen,
nicht mehr stillen.
Da sterben wir heutzutage an Kälte.
Es gibt weder Gas noch Öl, um uns zu wärmen.
Es blieben keine Bäume, die wir schneiden können,
um sie im Ofen zu verfeuern.
Danke an die internationale Gemeinschaft dafür,
was sie an Missfallen anbot
und als Ehrlichkeit zu der Geschichte,
sie tat ihre vollkommene Pflicht,
indem sie eine ernsthafte und starke Sorge äußerte
über das Leid der Menschen hier in Syrien
oder außerhalb, die vor Kriegsgräueln flohen.
Wir können auch nicht vergessen,
was die arabische Liga machte,
also sie – Gott schütze sie vor dem Neid – machte tausend Aus-
sagen:

- Wir missbilligen die Grausamkeit dieser Kälte,
- wir prangern den Schnee an,
- und wir äußern die Sorge unserer Gefühle darüber,
was mit dem Blumengarten passierte;
- wir werden so schnell wie möglich versuchen,
Decken und ein paar Lebensmittel zu schicken.
Sag: Genug.
Dieses Land wird die Herkunft der Geschichte
und nicht kommerzieller Märkte bleiben,
auch wenn die Zeit es vergewaltigte.
Ich schwöre bei Gott
und ich schwöre bei den Gräbern der Kinder,
dieser Schneesturm ist gnädiger zu den Menschen,
ehrlicher in Ehre und Zärtlichkeit und menschlicher in Emotionen als alle jene, die auf der Liste der internationalen Organisationen stehen.

مريض قلبي بالمدن

مريض قلبي بالمدن,
قلبي مريض بالمدن.

كلّ مدينة هي امرأة حزينة
و الحزن خلّاق الجمال بطبعه
و الجمال بطبعه
يقذف الإنسان تحت رحى الحنين.
قلبي حزين.
فليكن..
قلبي مريض بالمدن.

حين يعيدنا الحنين إلى مدينة
تكون أوجاع اللّقاء
أشدّ من أوجاع الفراق,
فالفراق كان موجعا
لكن دون خوف,
أما اللقاء فإنه موجع
و يحمل الخوف الثّقيل على الفؤاد,

خوفا من المكان,
أن يكون قد أصابه النّسيان
و أن ينساك مثلما تنساك امرأة
كنتَ قد أحببتها يوما
و مثلما البحر قد ينسى السّفن.
قلبي مريض, مريض قلبي بالمدن.

Mein Herz ist krank von den Städten

Mein Herz ist krank von den Städten,
von den Städten ist mein Herz krank.

Jede Stadt
ist eine traurige Frau
und die Traurigkeit
aus ihrem Naturell
ist die Schöpferin der Schönheit
und die Schönheit aus ihrem Naturell
wirft den Menschen
unter die Mühle der Sehnsucht.
Mein Herz ist traurig.
Lass es sein.
Mein Herz ist krank von den Städten.

Wenn die Sehnsucht uns
in eine Stadt zurückbringt,
sind die Schmerzen des Wiedersehens
heftiger als die Schmerzen der Trennung,
weil die Trennung schmerzhaft
aber ohne Angst war.
Das Wiedersehen ist aber schmerzhaft
und trägt die Angst,
die schwer im Herzen ist,
davor,
dass das Vergessen den Ort getroffen hat
und dass er dich vergaß,
wie eine Frau dich vergisst,

die du irgendwann liebtest
oder wie das Meer die Schiffe vergisst.
Mein Herz ist krank,
krank von den Städten
ist mein Herz.

صَرخة

1

و انقلب كلَّ شيء.

الوطن أصبح المنفى و المنفى صار هو الوطن.

أنا رجل حزين ضائع, وطني للجميع إلا أنا

و للجميع حق العيش, حقَّ الكون, حقَّ الرّفض فيه سواي.

وطني و أنا مشَّردان نعيش غربتنا معاً.

يحيط البرد بي فمن تعيرني شَعرها لكي لا أخاف من الشَّتاء؟

من تعيرني عيونها لأستعيد ما فقدتْ؟

أنت يا أنت لا تتركيني.

اسمكِ بيتي الذي أرتاح فيه ليلا

قبل أن يختنق جسدي تحت أنقاض الشّجن.

2

إلى متى سيستمرّ الوحش في أكل الجميلة؟

هذه المؤتمرات جميعها من أجل سوريّة

و في كلّ مرّة يأتي الجميع إلا هي ... ... آه سوريّة ...

سيّداتي سادتي هنا مزاد البيع و الشّراء.

3

طالما أصبحت الوطنيّة وظيفة فلن يكون هناك عاطلين عن العمل.

هو هكذا ... إنهم يكذبون بلا نهاية و إن لم نصدّقهم فقد جاء الأجل.

الكلّ يدّعي ملك الحقيقة و السّلاح و الجنود.

الكلّ يدّعي امتلاك الجنّة و الجحيم.

الكلّ يمتلك النقود

إلا نحن فإننا الوقود.

أيتها الحرب يكفي فقد شبعنا.

لم يبق وجه لم تسرقيه من عمري المستباح.

أيها البحر شكرا على الغرق.

أيّها العالم شكرا على كلّ أطنان القلق.

4

أنا الآن أسأل: هل العالم مثلما تدّعون للجميع؟

جيّد جداً. أين منزلي الصّغير؟

أين حبّي الكبير؟

أين أمّي؟ أين أحلامي؟ أيني أنا نفسي و لماذا أنا لاجئ؟

مرحبا, نحن اللّاجئون اللّذينا

يبيعنا العالم كلّه و يشترينا.

5

أنا الآن أجيب.

هذا العالم كلّه مجرّد محرقة.

في كلّ يوم يعلقونني فوق مشنقة,

لكنني الآن أصرخها و أقول لا

هي الثورة

هي مستقبلي, هي الفكرة

لا ... لا و سوف أظلّ أصيحها كمدا

إنّها رأيي بعالمكم و لست آسفا أبدا.

Ein Schrei

1

Alles ist verkehrt herum.
Die Heimat wurde zum Exil
und das Exil wurde zur Heimat.
Ich bin ein trauriger und verlorener Mann.
Meine Heimat ist für alle außer mich
und alle haben ein Recht auf das Leben, auf das Sein
und auf die Ablehnung in ihr außer mir.
Meine Heimat und ich sind heimatlos
und erleben unsere Fremdheit gemeinsam.
Die Kälte umgibt mich,
denn welche Frau leiht mir ihr Haar,
damit ich keine Angst vor dem Winter habe?
Welche Frau leiht mir ihre Augen,
damit ich alles, was ich verlor, zurück bekomme?
Du, o du, verlass mich nicht.

Dein Name ist mein Haus, in dem ich mich
nachts ausruhe, bevor mein Körper
unter den Trümmern der Wehmut erstickt.

2

Wie lange wird das Biest die Schöne fressen?
All diese Konferenzen sind für Syrien
und jedes Mal kommen alle außer ihr … o Syrien.
Sehr geehrte Damen und Herren,
hier ist eine Auktion.

3

Solange der Patriotismus ein Beruf ist,
wird es keine Arbeitslosen mehr geben.
Es ist so.
Sie lügen ohne Ende
und wenn wir ihnen nicht glauben,
kommt der Tod.
Alle behaupten, dass sie
die Wahrheit, die Waffen und die Soldaten haben.
Alle behaupten, dass sie
das Paradies und die Hölle haben.
Alle haben das Geld außer uns,
weil wir der Brennstoff sind.
Du, Krieg, es ist genug, weil wir satt sind.
Es gibt kein Gesicht in meinem erlaubten Leben,
das du noch nicht klautest.
Du, Meer, danke für das Ertrinken.
Du, Welt, danke für alle Töne der Sorge.

4

Ich frage jetzt:
Ist die Welt für alle,
wie ihr behauptet?
Sehr gut.
Wo ist mein kleines Haus?

Wo ist meine große Liebe?
Wo ist meine Mutter?
Wo sind meine Träume?
Wo bin ich selbst
und warum bin ich ein Flüchtling?
Hallo, wir sind die Flüchtlinge,
die die ganze Welt verkauft und kauft.

5
Ich antworte jetzt:
Diese ganze Welt ist nur ein Holocaust.
Jeden Tag hängen sie mich an einen Galgen,
aber ich schreie es jetzt heraus und sage Nein!
Es ist die Revolution.
Es ist meine Zukunft.
Es ist die Idee.
Nein … Nein!
Ich werde es grollend
weiterschreien.
Es ist meine Meinung
von eurer Welt
und es
tut mir
nie
leid.

استانبول

بحر.. و استانبول سيّدة تجمع في ملامحها جميع أحزان الفصول,
تراود الغرباء عن أحزانهم, حزن الغريب أغنية.
استانبول ... و البحر مفتاح بابها الذي تدقّ عليه كلّ القلوب العاشقة.
كان الطَّريق مثلها جميل و مثل قلب ناظم حكمت,
حزين مثل قلبي حين يعيش في امرأة حبّه المستحيل,
و واسع كما تنظر الفراشة إلى حديقة.
عميقة كالحقيقة, و إذا عشقتها عشقتك مثل فردوس.
هي جنّة الله في الأرض أو أرض من الجنّة,

المجهول فيها يرتدي المعلوم و المعلوم يرتدي المجهول.

الجسر المعلّق يمنحك شعورا بأنّك تطير نحو المطلق.
في المساء الأوّل كان لقاء قصير مع البحر بعد فراق طويل طويل.
لا ... أنا لا أحبّ القمر لكنّه في استانبول شيء آخر,
يضيء جانبا من وجهي و يضيء جانبا من الأزرق,
و الجانبان الآخران يتّحدان لتشكيل مجموعة من الألحان.
شعرتُ بالفرح. الفرح في استانبول و إن كان مصدره البحر فإنه حقيقيّ,
يجيش القلب به من من فرط جمالها, فيشعر الإنسان أنّه يستطيع العيش.
الجمال: هو أن يقول المرء ما يريد قوله, كما أنا الآن
و أن يرى المرء ما يريد رؤيته, كما أنا الآن.
استانبول حالة من الولادة
جعلتني سعيدا حقيقةً بعد أن كنتُ مصابا برهاب السّعادة.
أنا سعيد, إذن أنا أطير.
يا بحر, يا سيّد هذي المدينة,
روحي مجموعة من الأنهار الحزينة
و أنت مصبّها. وهبتُك كلّ ما لديّ من الخرير.

في أفجلار, في شقّة مطلّة على البحر أو يطلّ البحر من شبّاكها عليّ
كنتُ أسكن و قلبي أسير للهيام.
لا.. لشيء أروع من أن يحييك البحر كلّ يوم عندما تصحو و عندما تنام.
صوت النّوارس مزعج, قال جاري السّوريّ.
قلتُ: لكنّى كشاعر أسمعه كأغنية.
البحر واسع جدا و لكنّه ليس يكفي سوى لأمنية.
أتمنّى الآن أن أُغنّي للحياة كما أريد أن أكون أنا,
لا كما يريد لي الآخرون أو الشّتات.
من أنا؟ أنا الشّاعر الذي يعيش في خصام مع كلّ شيء
و لكنّي و من خلال هذا الخِصام سوف أصالح استانبول مع حسنها.

في استانبول أمر عجيب,
حيث ترى سمراء بشعر أشقر أو شقراء بشعر أسود,
و لا تعرف من ستسأل و ماذا سيجيب.
عشرة أيّام كانت كافية لكي يتأقلم أنفي مع هواء استانبول
و يتصالح مع روائح التّركيّات حين يمررن بقربي
و ترتوي منها المدينة.. و قلبي.
في حديقة بقرب البحر:

جميلة من الأتراك و رمش عيونها فتّاك

تستحيل إلى ورود فوق كفوفها الأشواك

يا إلهي, أهذه بشر أم أنّها ملاك؟

أم أنّها تجلّيك أنت -يا إلهي- في عُلاك

تبسّمتْ فبانت الأضواء تمايلت فتراقصت أفلاك

نظرتْ إليّ فالتقى في داخلي الحياة و الهلاك

فصرتُ من سحرها مشرّدا بين هذه و بين ذاك

و اتّحد الآنُ بالزّمان و اتّحد الهنا بالهناك

في استانبول يُسكرك كَلّ شيء حدّ الثّمل
فلا تشعر أنّك تحتاج إلى الكحول.
الحياة تمشي طبيعيّة, و لا أمراض نفسيّة يعانيها البشر إلا الملذّة و الذّهول.
رائحة السّرو في أيّ شارع مثلا تهزّ فيك كُلّ شيء.
امرأة كانت على زاوية الرّصيف ترضع طفلا على ذراعيها.
تمنّيتُ أن أكونه من فرط ما هي قدّيسة حسن و من فرط ما أنا جائع.
بائع الرّزّ و الحمّص المطبوخ يلملم رزقه.
على طاولة صغيرة كنتُ آكل
و العابرون في الطّرقات لم يرمقوني بنظرات ريبة و استهجان.
في استانبول لا أحد يستهجن أحدا.
كل واحد يمضي في طريقه راضيا عن نفسه إلى ما يعلم أو إلى ما ليس يعلم.

الدّانوب الأزرق يليق باستانبول,
أراقصها على أنغامه مع كَلّ حرف أخطّه عنها.
« في الوحدة, و حين ينتقل القلب إلى رحمة الحنين,
نزداد التصاقا بالموسيقا و أيّ عازف كان فإنّه يعبّر عنا,
شرط أن يكون الحزن سيّدا على أوتاره » .
في حديقة صغيرة كان عازف الناي يذرف لحنه,
و كنتُ بقربه على مقعد أذرف فرحتي,
و كان النّاس من حولنا
يوزّعون نظراتهم بين نايه و دمعي.
آه ممن لا يعرف ماذا يفعل الحنين بالقلب.
آه لو أستطيع العزف,
لعملتُ عازفا متجوّلا و ملأتُ الشّوارع بالألحان و الأمل

„العزف بحدّ ذاته حالة حريّة يفكّ الإنسان من خلالها قيوده مهما كانت محكمة و مشدودة".

تقسيم ...

الحياة هناك تتّسع شبرا فشبرا.

كنتُ في الشّارع أمشي مدخّنا

حين سائحة ألمانيّة طلبتْ سيجارة منّي,

فلمّا أعطيتها السّيجارة قبّلتني على خدّي,

فأعطيتها سيجارة أخرى دون أن تطلب منّي ذلك

لكي تدفع لي قبلة أخرى.

حوار مع صديق, لاجئ سوريّ مثلي:

هو: ما رأيك باستانبول؟

أنا: عاشقة حميمة. تشعركَ أنّ للإنسان قيمة و للحياة التي يعيشها قيمة.
إنّها مدينة تحترم شعبها, تحترم أنّهم بشر, تحترم أفكارهم, آراءهم و أصواتهم و تمنحهم حالة من السّكينة و السّكون وتمنحهم مساحات من الجنون تكفي كي يمارسوا عشقهم فيها.
إنّها و بكلّ بساطة جميلة.

هو: جميلة بالنسبة للأغنياء القادرين على الإستماع بكلّ هذا الجمال, أمّا نحن الفقراء اللّاجئون الذين أتينا بحثا عن مأوى أينما كان و عن عمل كيفما كان, فلن نستطيع أبدا الإستماع بجمال استانبول.

أنا: بلى. هناك دوما طريقة ما للإستماع بالجمال مهما كانت الظروف. دوما هناك وقت لذلك. يجب علينا فقط أن نعثر عليه و أن نصالحه. يا صديقي الحزين, أنتَ مهما كنتَ فقيرا و بائسا فإن استانبول سوف تمنحك الفرصة كي تعيش جمالها. ربّما معك حقّ في مسألة عدم الإستماع بالجمال لكن هذا لا علاقة له بالفقر إنّما بالشّعور. كثيرون يعيشون في استانبول لكنّ قلّة هم الذين يعيشونها. لابدّ لمن يريد أن يعيشها ألّا يعيش فيها فقط, بل أن يكون بمستواها الجماليّ أيضا.

هو: صدقت, لكنّ لغتهم صعبة يا أخي. إنّها ليست لغة قائمة بحدّ ذاتها, إنّما هي خليط من اللّغات.

أنا: انتظر. لا يهمّ كيف يفهم بعضه طالما أنّه شعب يحبّ الحياة.

و استانبول تبتلع الغريب و تهضمه,

ثمّ تطرحه عاشقا يحمل المدى, بما فيه من النّدى و يحلم.

تفجّر كلّ طاقات الشّاعر فيعشق الضّياع في الطّرقات مسافرا من مجهول إلى مجهول.

مطر في تمّوز! هي المكان عالم مليء بكلّ شيء. هي المدينة و الفصول.

هي الوعد المتراكم هنا مثل سماوات من العطر.

هي التي – و إن كانت كبيرة – فيها لا يضيّع عاشقان بعضهما.

رائحة البحر التي تتغلغل في كلّ شيء تدلّ القلوب على الدّروب,

كما تدلّ المنارة السّفن على الجزيرة.

كنتُ أتسكّع صامتا „ الصّمت حين يتبنّاه عاشق يكون صوتا يغنّي للحب,
لا يسمعه أصحاب القلوب التي يستطيع الكره اختراقها ,, و لكنّي نطقتُ.

سألتُ النّاس أسئلة بلا جدوى و لا معنى. سألتهم لمجرّد السّؤال دون انتظار الإجابة.

كنتُ أشتهي أحدا لستُ أعرفه, لأبكي ربّما على كتفيه. كنتُ أشتهي الحبّ.

سأعطي قلبي لأيّ امرأة تدقّ حزنه و تحمل باقة من الفرح.

لقد دقّت عليه, لكنّها كانت تحمل باقة من الألم.

الزّمان: تمّوز.

المكان: (ياسمين على ليل)* استانبول.

بعد أن مضى الليل تاركا قلبي للنّزيف, وقفتُ أمام مرآتي.

رأيتُ وجها يحمل في ملامحه كلّ ما في العالم من انكسارات. كان لابدّ من الحوار مع نفسي.

مونولوج:

لوجهكَ رائحة المدى

و يداكَ بيد استانبول كي لا تضيع أكثر في متاهات غربتك الكبيرة.

ماذا تريد ... ماذا تريد؟

قصيدة؟ الكتابة لا تفيد دوما و الصّراخ أيضا لا يفيد.

تشعر بحنين شديد لكلّ شيء و لأيّ شيء,

و ينزّ القلب غصصا هذا الصّباح.

تضاجعكَ مواجعكَ و تفتح باب البراري للخيول التي فيكَ

كي تهيم على وجهها هناك, لعلّها تصل إلى حلم بعيد.

و تشعرُ صوت حتّى الصّمت من حولك.

هنا استانبول.

تشربُ قهوتك وحدك و تسمع موسيقا,

تدركُ من خلالها كم أنتَ شخص وحيد.

تنظرُ من شرفتكَ إلى البحر و تسألُ:

هل الوحدة حالة هزيمة, أم أنّها انتصار الذات على واقع يشعر بالهزيمة؟

وحدكَ تدخّنُ و تشتم القلب الذي أحبّ امرأة تركته وحده و مضتْ,

كي تعطي فرصة للآخرين ليرتشفوا ياسمينها هناك,

حيث لا أنت و لا هواك و لا أشعارك.

يضيق بك انتظارك.

آه من انتظارك, ألن ينتهي يوما؟

و لأنّكَ كنتَ ستكتفي بنبرة صوتها حين تقولُ „ مرحبا "

تتّصلُ بها لتسألها سؤالا لا يهم, لعلّها تدعوكَ إلى التّسكّع في الشّوارع,

حيث أنّ التّسكّع في شوارع استانبول برفقة امرأة مثلها بحد ذاته ولادة جديدة للقلب,

لكنّها تجيبُ على السؤال بسرعة و تنهي المكالمة,

---

* للشاعر الفلسطيني محمود درويش قصيدة بعنوان « ياسمين على ليل تمّوز.

لأن عندها – كما قالت- موعد مع أحد ما, أحد ما لا يحبّها كما تحبّها أنتَ.

كانت قصيدة في مهبّ ذاك البحر

لكنّها خذلتْ جنونك مثلما خذل العالَم لاجئا سوريّا.

كان الشهر تمّوز أيضا.

ظننتَ في بداية الأمر أنّكما ستشكّلان معا قصيدة شاعر,

و لكنّ القصّة امتدّت لتصبح جرحكَ و قصيدة أخرى جديدة.

„ لسنا غرباء تماما, لكنّ الحب وطن الذين يعتنقونه في وطن ليس وطنهم.

الحبّ وطن الذين تقاسمتهم المدن الغريبة و البعيدة „,

قلتَ لها, بينما كنتَ تكتبُ اسمها بإصبعكَ على رمل الشّاطئ.

لقد فرحتْ فرحة طفلة و لم تقل أيّ شيء عن القهوة,

لكنّكَ قلتَ: عيناكِ هي القمر المنعكس فوق سطح البحر,

يضيء الجانب البعيد منه و يضيء الجانب الجميل منّي.

قالت: قهوتي معكَ تمنح للبحر معانٍ عديدة, لا يطالها أيّ قلب سوى قلبي.

لم يكن كذلك.

عيناها هي القمر المنعكس فوق سطح هذا البحر,

لكنّها لم تأخذ منه عمقه و لونه و غموضه السّاحر,

إنّما تقمّصت ما ارتكبَ من الموت بحقّ الهاربين من الموت, و مضتْ.

ربّما وهبتْ عطرها لآخر و ذهبت معه نحو ذاك البحر

لتجدّد فيه صفاته السّيّئة و تجرّب تلك الصّفات في ذلك الآخر.

لا بأس, إنّه قدر محتوم, فشكرا للتي تركتكَ وحدكَ و ساعدتكَ على إيجاد تعريف لما تحسّه:

الوحدة هي حالة هزيمة أمام نفسكَ و انتصار على واقع مهزوم.

خمر أخير على بحر استانبول الكبير:

هو البحر في استانبول الجميلة

يبعث فيّ رغبة في الخمر و يوقظ داخلي نداءات عجولة.

السماء الآن صافية, يضيء اتّساعها القمر.

لم أشتهِ أنثى و لكنّي تشهّيتُ المطر.

لا شيء كالمطر يعوّضني عن الأنثى.

وحدي بلا رفيق سوى حزني العميق

و عازف البزق في قربي

يبعث الحنين في قلبي,

الحنين إلى شهيق,

أنتشي حين آخذه لفرط جمال صدفة ألقتْ بها استانبول في دربي.

وحدي على صخرة, نصفها في الماء و نصفها في اليابسة,

كأنَّ نصفي غائب الحضرة, و نصفي الآخر يخلق للشطّ نوارسه.

وحدي مع زجاجة البيرة.
رائحة البحر من حولي لوحة
أو للرّوح صورة
و صوت البحر حين يضرب صخرتي فرحة.

عاشقان قربي يقبّلان بعضهما وعاشقان آخران تعانقا
و البحر بتوصية من زجاجتي يعمّدني عاشقا.

وحدي أراقب انعكاس ضوء القمر على المياه, فأحملها بيدي.
خمس سجائر بالعدد, كأنّها خمس أرواح جديدة
أُضيفَتْ إلى الجسد ... جسدي
و أنا أشمّ أنين المراكب البعيدة
و أوزّع الأمواج على زوايا القصيدة.

آخر رشفة أهديتها للبحر. فليسكر بأحزاني, فالحزن موهبة فريدة.
وضعتُ في الزّجاجة التي فرغت رسالة و رميتها للموج.
هو الآن ساعي البريد. ربّما سيوصلها إلى شخص ما بعيد
في مدينة ما بعيدة, ستطالها ذات هجرة أجنحتي.
أمّا أنا فالبحر وجعي و استانبول الآن سيّدتي.

كما توجعكَ المرأة حين ترحل عنك, يوجعكَ المكان حين ترحلُ عنه.
استانبول ... و يصطفي عيناي موقعُها على الخريطة.
الآن أحمل لوعتي و محبّتي و ذكريات كثيرة و ما كتبتُ من القصائد
و أتركُ عند شاطئ البحر وعدا بالرّجوع.
وداعا استانبول, و قد تركت منّي كثيرا لديكِ
و أعرف أن الحنين سوف ينهشني إليكِ.
وداعا.

Istanbul

Meer … und Istanbul ist eine Frau, in deren Umrissen
alle Traurigkeiten der Jahreszeiten zusammentreffen.
Sie verlockt den Fremden zu ihren Traurigkeiten
und die Traurigkeit des Fremden ist ein Lied.
Istanbul… und das Meer ist der Schlüssel zu ihrer Tür,
an die alle liebenden Herzen klopfen.

Der Weg ist schön wie sie und wie das Herz von Nazim Hikmet,
also traurig wie mein Herz,
wenn es in einer Frau seine unmögliche Liebe erlebt,
und weit, wie wenn der Schmetterling einen Garten anschaut.
Sie ist tief wie die Wahrheit.
Und, wenn du sie liebst, liebt sie dich wie ein Paradies.
Sie ist das Gottesparadies oder eine Erde aus dem Paradies.
Das Unbekannte in ihr zieht das Bekannte an
und das Bekannte zieht das Unbekannte an.

Die Hängebrücke gibt dir ein Gefühl,
dass du in das Absolute fliegst.
Am ersten Abend war ein kurzes Treffen mit dem Meer,
nach einer langen langen Trennung.
Nein … ich liebe den Mond nicht,
aber er ist etwas anderes in Istanbul.
Er erleuchtet eine Seite von meinem Gesicht
und erleuchtet eine Seite von dem Blau
und die restlichen zwei Seiten vereinigen sich,
um eine Melodiensammlung zu gestalten.
Ich fühlte die Freude.
Die Freude in Istanbul
– auch wenn ihre Herkunft das Meer ist – ist echt,
mit der das Herz vor Maßlosigkeit ihrer Schönheit rast,
dann fühlt der Mensch, dass er leben kann.
Die Schönheit ist, dass man sagt, was man will, wie ich jetzt,
und dann sieht man, was man will, wie ich jetzt.
Istanbul ist ein Geburtszustand, der mich wirklich freudig macht,
nachdem ich Freudephobie hatte.
Ich bin freudig, also fliege ich.
Du, Meer, der Herr dieser Stadt,
meine Seele ist eine Sammlung von den traurigen Flüssen
und du bist ihre Mündung.
Ich verleihe dir alles, was ich vom Rauschen habe.

In Avglar:

In einer auf das Meer blickenden Wohnung –
oder das Meer blickt auf mich durch ihr Fenster – wohnte ich,
und mein Herz war ein Gefangener des Liebeskummers.
Nein … nichts ist toller, als dass das Meer dich jeden Tag be-
grüßt,
wenn du aufwachst und wenn du schläfst.
Die Stimme der Möwe ist nervig, sagte mein syrischer Nachbar.
Ich sagte: Als Dichter höre ich ein Lied.
Das Meer ist sehr weit, aber es genügt nur für einen Wunsch.
Jetzt wünsche ich, dass ich für das Leben singe, wie ich sein will
und nicht, wie es die Anderen und die Diaspora wollen.
Wer bin ich? Ich bin der Dichter, der im Konflikt mit allem lebt.
Doch durch diesen Konflikt wird er Istanbul
mit seiner Schönheit versöhnen.
Es ist erstaunlich in Istanbul.
Du siehst eine dunkle Frau mit blonden Haaren
oder eine helle Frau mit schwarzen Haaren
und du weißt nicht, wen du fragst und was er antworten wird.
Zehn Tage waren genug,
dass sich meine Nase an die Luft von Istanbul anpasste
und sich mit den Gerüchen der Türkinnen versöhnte,
wenn sie an mir vorbeiliefen
und die Stadt und mein Herz mit ihrem Duft sättigten.

In einem Garten neben dem Meer:
Eine Schöne von den Türken und ihre Augenwimpern sind
tödlich.

Auf ihren Händen ändern sich die Dornen in Blumen.
O mein Gott, ist sie ein Mensch oder ein Engel?
Oder ist sie deine Verklärung, mein Gott, in deiner Höhe?
Sie lächelte, dann erschienen Lichter.
Sie schwankte, dann tanzten Gestirne.
Sie schaute mich an, dann trafen sich in mir das Leben und der Tod,
dann wurde ich wegen ihres Reizes heimatlos

zwischen jenem und diesem
und vereinigte sich das Jetzt mit der Zeit
und vereinigte sich das Hier mit dem Dort.

In Istanbul berauscht dich alles bis zur Trunkenheit,
dann fühlst du nicht, dass du Alkohol brauchst.
Das Leben läuft normal.
Keine psychischen Krankheiten erleiden die Menschen.
Nein … nichts bis auf den Genuss bis zur Betroffenheit.
Der Duft vom Immergrün in jeder Straße
zum Beispiel bewegt in dir alles.
Eine Frau stand an der Ecke des Fußwegs, um ihr Baby zu stillen.
Ich wünschte mir, dass ich es bin aus Maßlosigkeit,
dass sie eine Heilige der Schönheit war und weil ich zu hungrig war.
Der Verkäufer des Reises mit den gekochten Kichererbsen
sammelt seinen Lebensunterhalt.
An einem kleinen Tisch habe ich gegessen
und die Vorbeilaufenden auf dem Weg schauten mich
mit keinen Blicken voll Verdacht oder Missbilligung an.
In Istanbul verurteilt niemand jemanden.
Jeder geht auf seinem Weg, zufrieden mit sich selbst,
wohin er weiß und wohin er nicht weiß.

Die blaue Donau steht Istanbul gut.
Auf ihren Melodien tanze ich mit der Stadt,
mit jedem Buchstaben, den ich über sie schreibe.
»In der Einsamkeit und wenn das Herz in die Gnade der Sehn-
sucht umzieht, schmiegen wir uns mehr an die Musik, und
irgendein Musiker äußert uns unter der Bedingung, dass die
Traurigkeit
der Herr seiner Saiten ist.«
In einem Park vergoss der Flötist seine Melodien.
Ich war in seiner Nähe auf einer Bank und vergoss meine Freude
und die Menschen waren um uns herum und verteilten ihre
Blicke zwischen seiner Flöte und meinen Tränen.
Ach von dem, der nicht weiß,
was die Sehnsucht mit dem Herzen macht.

Oh, wenn ich Musik spielen könnte,
würde ich als Straßenmusiker arbeiten
und die Straßen mit Melodien und Hoffnung erfüllen.
»Das Musikspielen an sich ist ein Freiheitsfall, durch den der
Mensch seine Fesseln auflöst,
wie fest und stabil sie auch immer sind.«

Taksim:
Das Leben dort vergrößert sich, handbreit für handbreit.
Ich lief auf der Straße rauchend,
als eine deutsche Touristin eine Zigarette von mir verlangte.
Als ich ihr die Zigarette gab, küsste sie mich auf meine Wange.
Ich gab ihr noch eine Zigarette, ohne dass sie sie verlangte,
damit sie mir noch einen Kuss zahlte.

Ein Dialog mit einem Freund, der syrischer Flüchtling ist wie ich.
Er: Was ist deine Meinung über Istanbul?
Ich: Eine intime Liebende. Sie gibt dir das Gefühl, dass der
Mensch einen Wert hat und dass das Leben, das er lebt, einen
Wert hat.
Eine Stadt respektiert ihr Volk, respektiert,
dass sie Menschen sind, respektiert ihre Gedanken,
ihre Meinungen und ihre Stimmen.
Sie gibt ihnen eine innere Ruhe und eine Friedlichkeit.
Sie gibt ihnen Raum für die Verrücktheit,
der genügt, damit sie ihre Liebe in ihr ausüben.
Sie ist einfach schön.
Er: Sie ist schön für die Reichen, die ihre ganze Schönheit genie-
ßen können, aber wir, die armen Flüchtlinge, die kamen,
um eine Unterkunft, egal wo sie ist, zu suchen
und um eine Arbeit, egal wie sie ist, zu finden,
werden die Schönheit von Istanbul nicht genießen können.
Ich: Doch. Jedenfalls gibt es eine Methode,
die Schönheit zu genießen. Es gibt immer Zeit dafür.
Wir müssen sie nur finden und uns mit ihr versöhnen.
Mein trauriger Freund, egal, wie sehr du arm und elend bist, wird

Istanbul dir eine Chance verleihen,
damit du ihre Schönheit erlebst. Vielleicht hast du ein Recht
darauf, dass man die Schönheit nicht genießt.
Das hat aber nicht mit der Armut, sondern mit dem Gefühl zu
tun. Viele leben in Istanbul aber sehr wenige leben sie.
Wer sie leben will, muss nicht nur in ihr leben, sondern auch auf
ihrem ästhetischen Niveau sein.
Er: Du hast recht, aber ihre Sprache ist schwierig. Sie hat keine
selbstständige Sprache, sondern eine Mischung aus Sprachen.
Ich: Warte. Es ist egal,
wie das Volk sich versteht, solange es das Leben liebt.

Istanbul verschlingt den Fremden und verdaut ihn,
danach legt die Stadt ihn ab als einen Liebenden,
der die Weite trägt mit dem, was es in ihr an Tau gibt,
und der träumt.
Sie lässt alle Kräfte des Dichters detonieren, dann liebt er den
Verlust auf den Wegen, reisend vom Unbekannten zum Unbe-
kannten.
Regen im Juli!
Sie ist der Ort, also eine Voll-von-allem-Welt.
Sie ist die Stadt und die Neugier. Sie ist das Versprechen,
das hier wie ein Himmel aus Parfüm ist.
Sie ist die, auch wenn sie groß ist,
in der zwei Liebende einander nicht verlieren.
Der Geruch des Meeres, der in alles eindringt,
weist den Herzen die Wege,
wie der Leuchtturm den Schiffen die Insel weist.
Ich bummelte schweigend.
»Wenn ein Liebender das Schweigen annimmt, ist es eine Stim-
me, die für die Liebe singt und die die Habenden der Herzen,
die der Hass brechen kann, nicht hören.«
Ich sprach aber.
Ich fragte die Menschen Fragen,
die vergeblich und nichtssagend sind. Ich fragte sie,
nur um zu fragen, ohne auf eine Antwort zu warten.

Ich begehrte irgendjemanden, den ich nicht kenne,
um vielleicht an seinen Schultern zu weinen.
Ich begehrte die Liebe.
Ich werde mein Herz irgendeiner Frau geben, die an seine Trau-
rigkeit klopft und einen Freudenstrauß trägt.

Sie klopfte daran, aber sie trug einen Schmerzstrauß.

Die Zeit: Juli.
Der Ort: (Jasmin in der Nachtzeit) Istanbuls.˙

Nachdem die Nachtzeit verging, mein Herz dem Bluten lassend,
stand ich vor meinem Spiegel.
Ich sah ein Gesicht, das in seinen Zügen alles,
was es in der Welt an Niedergeschlagenheit gibt, trägt.
Es gab keine andere Möglichkeit bis auf den Dialog mit mir
selbst,
also Monolog:

Dein Gesicht hat den Geruch der Weite
und deine Hand hält die Hand von Istanbul,
um dich nicht mehr in den Labyrinthen
deiner großen Fremdheit zu verlieren.
Was willst du … was willst du? Ein Gedicht?
Das Schreiben ist nicht immer nützlich
und das Schreien ist auch nicht nützlich.
Du fühlst eine starke Sehnsucht nach allem und irgendetwas,
und das Herz durchsickern Qualen an diesem Morgen.
Deine Schmerzen ficken dich und öffnen die Tür der Wildnisse
für die Pferde in dir, damit sie sich dort verlieren,
dann kommen sie vielleicht bei einem weiten Traum an
und du fühlst sogar die Stimme des Schweigens um dich herum.
Hier ist Istanbul.
Du trinkst deinen Kaffee einsam und hörst Musik,
durch die du erkennst, welch eine einsame Person du bist.

˙ Der palästinensische Dichter Mahmud Darwish hat ein Gedicht mit dem
Titel »Jasmin auf der Nachtzeit des Juli« verfasst.

Du schaust von deinem Balkon das Meer an und fragst:
»Ist die Einsamkeit ein Niederlagenzustand oder ist sie ein Sieg
des Selbst über eine Wirklichkeit, die die Niederlage fühlt?«
Einsam rauchst du und beschimpfst das Herz,
das eine Frau liebte, die es einsam verließ und ging,
um den Anderen eine Chance zu geben,
damit sie ihren Jasmin schlucken,
dort, wo weder du, deine Liebe noch deine Gedichte sind.
Dein Warten verengt sich vor dir.
Oh, dein Warten. Wird es nicht irgendwann enden?
Und weil ihr Stimmklang dir genug ist, wenn sie »Hallo« sagt,
rufst du sie an, um irgendeine unwichtige Frage zu fragen,
in der Hoffnung darauf, dass sie dich
zum Herumlungern in den Straßen einlädt.
»Das Herumlungern in den Straßen von Istanbul mit einer Frau
wie ihr ist an sich eine neue Geburt für das Herz«.

Sie antwortet auf die Frage aber schnell und beendet den Anruf,
weil sie – wie sie sagte – eine Verabredung mit jemandem hat.
Irgendjemand, der sie nicht liebt, wie du sie liebst.
Sie war ein Gedicht im Ursprung jenes Meeres…
aber sie enttäuschte deine Verrücktheit,
wie die Welt einen syrischen Flüchtling enttäuschte.
Der Monat war auch Juli.
Am Anfang dachtest du, dass ihr zusammen
ein Gedicht eines Dichters gestalten werdet,
aber die Geschichte dehnte sich, um deine Wunde
und ein neues anderes Gedicht zu werden.
»Wir sind nicht ganz fremd, aber die Liebe ist die Heimat derer,
die sie annehmen in einer Heimat, die nicht ihre ist.
Die Liebe ist die Heimat derer,
die die Fremden und weiten Städte teilten«,
sagtest du ihr, während du ihren Namen
in den Sand des Strandes schriebst.
Sie empfand die Freude eines Kindes
und du sagtest nichts über den Kaffee,

aber du sagtest: Deine Augen sind der Mond, der
auf der Meeresoberfläche gespiegelt wurde.
Er zeigt die weite Seite von ihm und die schöne Seite von mir.
Sie sagte: Mein Kaffee mit dir verleiht diesem Meer viele Bedeu-
tungen, die kein Herz, bis auf mein Herz hat.
Nein ... es war nicht so.
Ihre Augen sind der Mond, der auf die Meeresoberfläche gespie-
gelt wurde, aber sie nahm von ihm weder seine Tiefe, seine Farbe,
noch seine charmante Unklarheit,
sondern sie verkörpert das, was das Meer an Tod
an den vor dem Tod Fliehenden beging,
und vielleicht verlieh sie ihren Duft einem Anderen
und ging mit ihm in jenes Meer,
um ihm seine schlechten Eigenschaften zu erneuern
und mit diesen Eigenschaften
in jenem Anderen zu experimentieren.
Nicht so schlimm.
Es ist ein bestimmtes Schicksal,
dann »Danke« an die, die dich einsam verließ
und dir mit ihrem Verlassen dabei half,
dass du eine Definition dafür findest, was du fühlst.
»Die Einsamkeit ist ein Niederlagenzustand vor dir selbst
und ein Sieg über eine besiegte Wirklichkeit.«

Letzter Alkohol
am Strand des großen Meeres von Istanbul:

Es ist das Meer in der schönen Istanbul.
Es schickt mir Lust auf Alkohol
und weckt in mir hitzköpfige Rufe.

Der Himmel ist jetzt klar,
dessen Ausweitung der Mond erleuchtet.
Ich begehrte kein Weib, sondern den Regen.
Nichts ist für mich
wie der Regen
entschädigend für das Weib.

Einsam ohne Freund,
bis auf meine tiefe Traurigkeit, bin ich
und der Buzuq ist neben mir,
der die Sehnsucht in mir weckt, also
die Sehnsucht nach einem Einatmen,
das ich als Euphorie nehme,
aus Maßlosigkeit der Schönheit eines Zufalls,
den Istanbul auf meinen Weg warf.

Allein bin ich auf einem Fels,
dessen Hälfte im Wasser ist
und dessen Hälfte im Boden ist,
als ob meine Hälfte abwesend wäre
und meine andere Hälfte
dem Strand seine Möwen erschafft.

Allein mit der Bierflasche bin ich.
Der Geruch des Meeres um mich herum
ist ein Bild oder ein Foto von der Seele.
Die Stimme der Wellen ist eine Freude,
wenn sie meinen Fels schlagen.

Zwei Liebende neben mir küssten einander
und zwei andere umarmten einander…
und das Meer mit Empfehlung
meiner Flasche taufte mich als Liebenden.

Allein beobachte ich
das Spiegelbild des Lichtes des Mondes
auf dem Wasser,
dann trage ich es mit meiner Hand.
Genau fünf Zigaretten,
als ob sie fünf neue Seelen wären,
die zum Körper, meinem Körper, ergänzt wurden,
während ich das Gejammer
der weiten Schiffe rieche
und die Wellen auf die Ecken
des Gedichtes verteile.

Den letzten Schluck schenke ich dem Meer.
Lass es von meinen Traurigkeiten
betrunken sein,
dann ist die Traurigkeit
ein einzigartiges Talent.
In die Flasche, die leer wurde,
legte ich eine Botschaft
und warf sie in die Wellen.
Sie sind jetzt der Postbote.
Vielleicht bringt er sie
zu irgendeiner fernen Person,
in irgendeiner fernen Stadt,
die meine Flügel irgendeiner Migration
erreichen werden.
Das Meer ist aber mein Schmerz
und Istanbul ist jetzt meine Dame.

Wie eine Frau
dir weh tut,
wenn sie von dir weggeht,
tut dir der Ort weh,
wenn du von ihm weggehst.
Istanbul…
und ihre Position
wählt auf der Landkarte
meine Augen aus.
Jetzt trage ich meine Qual,
meine Liebe,
viele Erinnerungen
und das, was ich von Gedichten schrieb,
und lasse beim Meeresstrand
ein Versprechen
von der Wiederkehr.
Tschüss Istanbul…
und ich lass bei dir
viel von mir

und ich weiß,
dass die Sehnsucht nach dir
mich
fressen
wird.
Tschüss.

الطَريق إلى أثينا

و ها أنتَ تهاجر ثانية من عشقكَ,
فتودّع استانبول
و تبحرُ محزونا.

أمواج البحر تداعبُ قدميكَ
و أنتَ تدلّيها من سطح اليخت الخشبي,
تلاعبها
كالزوج يلاعب زوجته
قبل ممارسة الحبّ,
تبوح لها بهواجسكَ ظنونا و يقينا.

أين ستبحرُ فيكَ بواخر هذا العمر
و أيّ قصائد ستعاني,
أيّ نساء ستضاجع
كي يحبل قلبك بالذّكرى
و يعيدكَ يوما مشتاقا مجنونا؟

البحر يجيبكَ:
ألّا تحزن,
لكن خذ وقتكَ في العشق,
فقد أصبحتَ الآن أمام حضارة عشق
لا شبه لها.
أهلا..
أهلا..
أنتَ الآن هنا
في حضن أثينا.

Der Weg nach Athen

Da emigrierst du wieder
aus deiner Liebe,
dann verabschiedest du dich von Istanbul
und segelst traurig.

Die Meereswellen streicheln deine Füße,
während du sie
vom holzigen Schiffsdeck herablässt.
Du streichelst sie,
wie der Mann seine Frau
vor der Liebesausübung streichelt.
Du sagst ihnen deine Besessenheiten
als Vermutung und Gewissheiten.

Wohin werden dich
die Schiffe dieses Lebens fahren?
Und welche Gedichte wirst du erleiden?
Mit welchen Frauen wirst du schlafen,
damit dein Herz
mit der Erinnerung schwanger wird
und dich irgendwann verlangend
und verrückt zurückbringt?

Das Meer antwortet dir:
Sei nicht traurig,
sondern nimm deine Zeit
in der Liebe.
Du bist jetzt
vor einer Liebeszivilisation,
der nichts gleicht.
Willkommen …
Willkommen …
du bist hier
in der Umarmung
von Athen.

البشريّة الغريقة

الموت ليس مؤذيا لكنّها الحياة المؤذية
و النّسيان أمسى بلا معنى,
فلا هجرتنا إليه تنتهي
و لا نحن نستطيع الوصول إلى هناك
حيث الضّفة الأخرى.
هي الضّفة الأخرى,
كذبة يقنع المهاجر نفسه بصحّتها
كي يصدّق أنّ حلمه ماضٍ إلى التّحقيق.

هل كان لابدّ من غرق عميق الجرح
لندرك أنّ البحر غدّار و لا يُعشَق؟
هل الله لم يعد يرى؟
أم أنّ كثافة الموتى حجبتْ عن عيونه الرؤية؟
ما تزال الحكاية في بدايتها
و كلّ شيء من بدايتها يضيق.

وطن بلا وطن و بلا مواطن أيضا
و الدروب جميعها لم تعد إلى روما تقود, روما المدينة ذاتها,
و البصاق على الجميع الآن من حقّ الغريق.
الغريق فقط, هناك في مياه البحر أو هناك في دماء الحرب.
بحر ... حرب, اختلاف مواقع الحروف في هذي الحكاية
لن يغيّر من معانيها أو نتائجها, بل و الرّبح رحب للجميع.
عالمنا تجرّد من جميع أنواع الزّهور في انتظار عفو لن يجيء,
فلا بريء
و الزّهور تجرّدت أيضا من جميع أنواع الرّحيق.

لا.. لا تبقَ حيّا يا رفيق اليأس و الأمل المخادع,
أيّها المسافر من حيث لا تدري,
إلى حيث لا تدري و لن تدري.
لا البرّ لك و لا البحر لك
و الباسبور لا يحميكَ من شيء و لن يحميك.
سينتصر الجميع على الجميع في حرب الجميع ما عداك
و تبقى أنت مهزوما أمام انتصارات الجميع
على أحلامكَ التي غرقت معك.
لا تنتظر أحدا.

هكذا هم الغرباء,
لا أحد في انتظار مرورهم إلا الطَريق.

وطن ... حرب ... ضفَة وهم ... عالم أعمى.
المهاجر لم يمت, لكنَه سئم الحياة,
تلك التي لم يبقَ فيها من رفيق
غير هذا الموتُ المحلَى بملح البحر.
البحر بقاعه العميق.

Die ertrinkende Menschheit

Der Tod ist nicht verletzend,
sondern das Leben ist das Verletzende
und das Vergessen wurde ohne Bedeutung,
dann endet unsere Migration zu ihm nicht
und wir können nicht dort ankommen,
wo das andere Ufer ist.
Es ist das andere Ufer, also eine Lüge,
von deren Richtigkeit
sich der Migrant überzeugt,
um daran zu glauben,
dass sein Traum
in die Verwirklichung verläuft.

Musste es ein tiefe Wunden machendes Ertrinken geben,
damit wir erkennen,
dass das Meer verräterisch ist
und man es nicht lieben muss?
Sieht der Gott nicht mehr?
Oder hält die Dichte der Toten seine Augen
vom Sehen ab?
Die Geschichte ist immer noch an ihrem Anfang
und alles von ihrem Anfang verengt sich.

Eine Heimat ist
ohne Heimat und ohne Bürger auch

und alle Wege führen nicht mehr nach Rom,
also die Stadt Rom an sich,
und das Speien auf alle ist jetzt
das Recht des Ertrinkenden,
sowohl dort im Meerwasser
als auch dort im Kriegsblut.
Meer … Krieg …
Der Unterschied der Buchstabenkombinationen
in dieser Geschichte wird ihre Bedeutungen
und ihre Ergebnisse nicht ändern,
sondern der Gewinn ist groß für alle.
Unsere Welt abstrahierte sich von allen Blumenarten
im Warten auf ein Vergeben,
das nicht kommen wird,
weil es keinen Unschuldigen gibt,
und die Blumen abstrahierten sich auch
von allen Nektararten.

Nein … du Genosse
der Hoffnungslosigkeit und der gefälschten Hoffnung,
bleib nicht lebendig …
Du, Reisender, woher du nicht weißt
und wohin du nicht weißt und nicht wissen wirst,
du hast weder Erde noch das Meer
und der Reisepass schützt dich vor nichts
und wird dich nicht schützen.
Alle außer dir werden über alle im Krieg aller siegen
und du bleibst besiegt vor den Siegen aller
über deine Träume,
die mit dir ertranken.
Warte auf niemanden.
So sind die Fremden.
Niemand wartet auf ihren Vorbeilauf
außer dem Weg.

Eine Heimat … ein Krieg … eine Ufer-Illusion
und eine blinde Welt.
Der Migrant starb nicht,
sondern er langweilte sich
von einem Leben, jenem,
in dem es keinen Freund mehr gibt,
bis auf diesen Tod,
der mit dem Meersalz versüßt wurde.
Das Meer
mit seinem
tiefen
Boden …

الغرق

ها نحن هنا في مكان خائن للزّمان
و في زمان خائن للمكان
كلّ شيء خان.
لا ... ليس موتا
و لكن لم يبق شيء نستطيعه سوى الرّحيل إلى العدم
هربا من الألم.
لا لم يكن صابرا أيوب
إنّما قد أُغلِقت في وجهه كلّ الدّروب.
رحب هو الكون إلّا على أحلامنا القليلة و الصّغيرة.
حرب من ورائنا,
بحر من أمامنا,
حبر من دمائنا
ربح على حساب سلامنا
للجميع ما عدانا, نحن أولاد الخسارات الكثيرة و الكبيرة.
نحن الذين نسأل:
ألم تشبع بطونكم من لحمنا؟
ألم يرتوي حقدكم من دمّنا؟
لا ... و الموت أرحم من حياة لم نرتكب فيها من الذّنوب
سوى أننا شركاؤكم مجبرين في عيشها.
إذن ... ها نحن هنا في البحر نغرق,
و إن لم يكن بحرا, ففي الدم نغرق,

و إن لم يكن دما, ففي القهر نغرق.
هل كان لابدّ من ذلك كي نثير انتباهكَ أيُها العالم؟
أما أثاره أنّ الوطن, كلَّ الوطن,
قد غرق في عبثية الحروب؟

حمام يموت
حمام يهاجر.
الأعشاش أصبحت تابوت
و الأشجار صارت مقابر.
دع عنكَ حنينكَ المكبوت
فالحنين مثل الجوع كافر,
يسجن الأبدا.
لا ... لم يبق عشٌ
و لم يبق غصن
و لم يبق شجر
و الموت لن يبقِ هنا أحدا
و الموت لن يبقِ هنا أحدا.

Das Ertrinken

Da sind wir hier
an einem Ort, der die Zeit verriet
und in einer Zeit, die den Ort verriet.
Alles verriet.
Nein, es ist kein Tod,
aber nichts blieb,
was wir können
außer dem Weggang in den Nihilismus
als Flucht vom Schmerz.
Nein … Hiob war nicht geduldig,
aber alle Wege
wurden vor seinem Gesicht geschlossen.
Weit ist das Universum für alles, bis auf
unsere wenigen und kleinen Träume.
Ein Krieg ist hinter uns,
ein Meer ist vor uns,
eine Tinte ist aus unserem Blut,

und ein Gewinn ist
auf die Kosten unseres Friedens,
für alle außer uns,
also wir,
die Söhne der vielen und großen Schäden.
Wir sind die, die fragen:
Sättigten sich eure Bücher noch nicht
an unserem Fleisch?
Sog euer Groll noch nicht
unser Blut ein?
Nein … und der Tod ist
gnädiger als ein Leben,
in dem wir keine Sünden begingen, außer
dass wir gezwungen sind,
es als eure Partner zu leben.
Also … da sind wir hier,
ertrinken im Meer,
und wenn nicht im Meer,
dann im Blut,
und wenn nicht im Blut,
dann in Trauer.
Muss es so sein,
damit wir deine Aufmerksamkeit,
du Welt,
erregen?
Erregte es sie nicht,
dass die Heimat – die ganze Heimat –
in der Sinnlosigkeit der Kriege ertrank?

Tauben sterben,
Tauben emigrieren.
Die Nester wurden Särge
und die Bäume wurden Friedhöfe.
Lass von deiner verdrängten Sehnsucht,
weil die Sehnsucht,
wie der Hunger, überhart ist,

sperrt die Ewigkeit ein.
Nein …
es blieben weder Nest, Ast
noch Bäume übrig
und der Tod
wird niemanden
hier lassen
und der Tod
wird
niemanden
hier
lassen.

قوارب الموت

هاربون من الموت الأكيد باتجاه موت مؤكّد,
من الحروب إلى البحور.
الحرب موت, البحر موت, أو هكذا هو الموت حين يتعدّد.
هذه المأساة جديدة على وعي العصور,
هذا مصير الذي لم يرتكب ذنبا غير أنّه عشق الوطن,
لكنّ الوطن هجّره و باعه للمهرّبين و التّجار, اخوة القتّال و النّصاب و السّارق
على أنقاض المركب الغارق
يرفعون أسوار القصور
و لا فارق
إذا الجميع قد غرقوا, فلا ضمير و لا شعور.

هاربون من الموت الأكيد باتّجاه موت مؤكّد, إلى البحور من الحروب.
ممزّقون كلّ إثبات يملكونه عن أصلهم كي لا يعيدوهم إذا عثروا عليه
و لا يسألون نفوسهم: هل مزّقوا مع هذه الأوراق
ذلك الماضي و ما فيه من ذكرى؟
هل مزّقوا الحاضر الذي يحاربونه بالهروب؟
و يحلمون بمستقبل في الضّفّة الأخرى
و ينسون أنّ هناك حيث الضّفة الأخرى لا أحد في انتظار قدومهم.
و تمتلئ المراكب فوق استطاعتها خمس من الأضعاف.
فم الموت مفتوح في انتظار امتلاء السفينة بالثّقوب.
و ينزلون حين ينزلون فاقدين الحلم كلّه و ما تبقى من حياة.

يقول ناجٍ بمحض صدفته: قبل ساعة كانوا هنا على قيد الحياة و يحلمون!!

لا ... ليست المأساة أنهم ماتوا فقط لكنّ حلماً آخر قد مات

و البحر يمعن في خيانته حين لا يلقي بأجساد الضحايا إلى الشاطئ

كأنّه لا يريد لنا البراءة من أرواحهم

إنّما هناك يتركها فريسة للملح لكي تذوب.

ملح سيستمرّ في إلهاب جروحنا

يشير بإصبع الإتّهام إلى القلوب, كل أنواع القلوب.

لا ... لا يغنّي الغريق أيّ أغنية قبل ابتلاع الموج له,

كأنّه و بصمته هذا يحمّلنا المزيد من الذّنوب.

هكذا تحالفت البحور مع الحروب ضدّ أوجاع الشعوب.

لِمَ تغرقون؟

ألم تعلموا بأن نداء البحر مزيّف و وعوده وهم

و بأن غدره في وجهه الهادئ؟

خان رؤيتنا الطّريق و لم تعد كلّ الدروب إليكِ يا روما تقودُ,

إنّما قد ظلّ هذا البحر درب رحلتنا الوحيدُ

إلى الموت المؤكّد أو حياة صدفة.

جميل منظر البحر ... رومانسيّ نعم, حين نطلّ عليه

من شرفة في غرفة في فندق على الشّاطئ,

لكنّه قبر حقيقيّ لكلّ مهاجر لاجئ.

Todesboote

Fliehend vor dem sicheren Tod in den sicheren Tod,
also vor den Kriegen zu den Meeren.
Der Krieg ist Tod,
das Meer ist Tod,
oder der Tod ist so, wenn er sich vervielfältigt.
Diese Trägödie ist neu für das Bewusstsein der Zeitalter.
Das ist das Schicksal dessen, der keine Sünde beging,
außer dass er die Heimat liebte,
aber die Heimat verkaufte ihn
den Schmugglern und den Händlern,
also den Geschwistern des Mörders,
des Schwindlers und des Diebs.
Auf den Trümmern

des sinkenden Bootes erhöhen sie
die Mauern der Paläste,
und es macht für sie keinen Unterschied,
ob alle ertrinken,
weil es kein Gewissen
und kein Gefühl gibt.

Fliehend in den sicheren Tod vor dem sicheren Tod,
also zu den Meeren vor den Kriegen.
Sie zerreißen jeden Nachweis,
den sie über ihre Herkunft haben,
damit sie sie nicht zurücksenden, falls sie ihn finden
und sie fragen sich nicht:
Zerrissen sie mit den Dokumenten
jene Vergangenheit mit allem,
was es in ihr an Erinnerungen gibt?
Zerrissen sie die Gegenwart, die sie mit dem Fliehen bekämpfen,
und sie träumen von einer Zukunft am anderen Ufer
und vergessen, dass dort, wo das andere Ufer ist,
niemand auf ihr Kommen wartet,
dann werden die Boote zu fünf Doppeln,
mehr als ihr Vermögen, überfüllt.

Der Mund des Todes ist im Warten
auf das Füllen des Bootes mit Löchern
und wenn sie aussteigen,
steigen sie aus, den ganzen Traum
und was vom Leben übrigblieb, verlierend.
Ein aus freiem Zufall Überlebender sagt:
Vor einer Stunde waren sie hier am Leben und träumten!
Nein ... die Tragödie ist nicht nur, dass sie starben,
sondern auch, dass noch ein Traum starb ...
und das Meer übertreibt in seinem Verrat,
wenn es die Körper der Opfer nicht auf den Strand wirft,
als ob es uns keine Unschuld an ihren Seelen lassen will,
sondern es hinterlässt sie als eine Beute für das Salz,

damit sie zerfließen.
Salz wird unsere Wunde weiter entzünden
und den Zeigefinger auf die Herzen – alle Herzen – richten.
Nein … der Ertrinkende singt gar kein Lied,
bevor die Wellen ihn verschlingen,
als ob er uns mit seinem Schweigen
mit noch mehr Sünden belädt.
So alliierten wir uns mit den Meeren und mit den Kriegen
gegen die Schmerzen der Völker.

Warum ertrinkt ihr?
Wusstet ihr nicht, dass der Ruf des Meeres gefälscht ist
und dass seine Versprechen Illusionen sind
und dass seine Treulosigkeit in seinem ruhigen Gesicht steht?
Der Weg verriet unser Sehen und nicht alle Wege,
Rom, führen zu dir, sondern dieses Meer blieb
der einzige Weg unserer Fahrt
in den sicheren Tod oder in ein Zufallsleben.
Schön ist die Ansicht des Meeres,
also romantisch, ja,
wenn wir es von einem Balkon
in einem Zimmer in einem Hotel
an einem Strand überblicken.
Aber es ist ein echtes Grab
für jeden Migranten und Flüchtling.

إلى طفل سوريّ غريق

كجميع الأطفال المقتولة عبثا
أبكيكَ حبيبي
و القلب كمقبرة للعالم ينشجُ
و لقد أقسمتُ كإمرأتي الباكية عليك هنالك
في أقصى زاوية للغربة و الحزن
أنّ هذا البحر أحنّ عليكَ,
فهذا العالم أصبح عرّابا للموت العبثيّ
و لم يبق أيّ مسالك.

قطعاً لسنا أحياء,

بل موتى جبناء كالقارب و الأنظمة العربيّة,

كجميع الأديان و كلّ الهيئات الدوليّة.

كم كنّا نهرب من وجه حقيقتنا و الآن فضحنا العجز.

آه يا ضوء آخر يخبو في درب وعر حالك.

لا ... لم تحيا ما يكفي

كي تسأل عن سبب الموت.

كم كان جميلا في وقت

لا يملك كلّ العالم أي جواب لسؤالك

و لم يكُ عمرَك يكفي أيضا كي تحلم لو حلما,

رضعة ثدي مثلا لا تحمل طعم قذائفهم

أو طعم خيانتهم و تخلّيهم و مناسفهم.

هل ظلّ هنالك أحد ما قتلك؟

هل ظلّ هنالك بلد لم يفعل ذلك؟

كن صبّارة هذي الأبديّة,

و لا تنظر خلفك للعالم

فالعالم بعد قليل هالك.

هل أمّك ثكلى و أبوك يعاني مفجوعا؟

لا بأس, ذلك خير من أن تحيا أنتَ يتيم الأمّ يتيم الأبّ.

ألا يكفي أنّا أيتام الوطن الممنوح لكلّ الناس سوانا؟

ألا يكفي أنّ الوطن لقد أصبح منفانا؟

ألا يكفي أنّا أصلا

منذ ولادتنا لا نملك وطنا؟

حسنا ... حسنا ... حسنا

نحن نسيناك حبيبي

لكن عندي مثلَك محض سؤال:

نحن نسيناك

لأنّا أموات

لكن

كيف

نسيكَ

الله

كذلك؟؟؟

An ein syrisches ertrinkendes Kind

Wie für alle Kinder,
die sinnlos getötet wurden,
weine ich für dich – mein geliebtes Kind –
und das Herz schluchzt
wie ein Friedhof für die Welt
und wie meine Frau, die für dich weint,
dort in der weitesten Ecke
der Fremdheit und der Traurigkeit,
schwöre ich,
dass dieses Meer zu dir zärtlicher ist,
weil diese Welt
zum Paten des sinnlosen Todes wurde
und keine Wege bleiben.
Bestimmt sind wir nicht lebendig,
sondern feige Tote. Wie das Boot,
die arabischen Regimes, wie alle Religionen
und alle internationalen Organisationen.
Wie wir vom Gesicht unserer Wahrheit flohen!!
Und jetzt entlarvte uns die Unfähigkeit.
O du, ein anderes Licht, erloschest
auf einem zerfurchten dunklen Weg.
Nein … du lebtest nicht, damit es genügt,
dass du nach dem Grund des Todes fragst.
Schön ist dein Tod,
wie schön er war in einer Zeit,
in der die ganze Welt
keine Antwort auf deine Frage hat.

Dein Alter war auch nicht genug,
damit du auch nur einen Traum träumst,
zum Beispiel vom Gestilltwerden,
das den Geschmack ihrer Geschosse,
oder den Geschmack ihres Verrates und ihrer Verlassenheit
oder ihres Essenstisches nicht trägt.
Gibt es noch jemanden, der dich noch nicht tötete?

Gibt es noch ein Land, das es nicht tat?
Sei Kaktus dieser Ewigkeit
und dreh dich nicht zu dieser Welt hinter dir um,
weil die Welt gleich tot ist.
Ist deine Mutter eine Hinterbliebene
und leidet dein Vater traurig?
Nicht so schlimm …
Das ist besser, als
dass du als Waisenkind lebst.
Ist es nicht genug,
dass wir Waisenkinder der Heimat sind,
die allen Menschen außer uns gewährt ist?
Ist es nicht genug, dass die Heimat unser Exil wurde?
Ist es nicht genug, dass wir seit unserer Geburt
von Anfang an
keine Heimat haben?
Okay … okay … okay,
wir vergaßen dich
– mein geliebtes Kind –
aber wie du habe ich eine Frage:
Wir vergaßen dich,
weil wir tot sind,
aber wie
vergaß
dich
auch
Gott???

شقراء أثينا

زوربا ...
و كلّ شيء هنا يراودني
على شجني
و على شاطئ البحر كانت تكفي زجاجة من الكونياك
لكي يتوحّد الشيطان و الملاك,
فيتشكّل الجمال فينا.
أحبّكِ يا أثينا.

أنين في القلب,
ذكريات تهبه الآن فرصة
لكي أعيش حياتي
غصّة ... غصّة
انتماء للألم الذي تنتشي به ذاتي.
أمطري يا سماء
و حرّري في كل الأغاني و الأماني و النّساء,
فلا تدري كلّ نفس بأي أرض تحبّ
أو لأيّ أرض تعيش الحنينا.
أحبّكِ يا أثينا.

هناك في بار صغير كنّا معا.
كانتْ ترتشف نبيذها
و كنتُ أنتشي بالجمال فوق ملامح أفروديت
و أستمع إلى أغنيات يونانيّة على ذوقها.
أنا لم أكن أفهم الكلمات
لكنّ إحساسي كان يرتشفها
نغما نغما
و ألما ألما
بكلّ ما يحتويه الكأس
من رغبة و ابتهال.
لا.. لاشيء غير الحبّ
كان هناك في أيادينا.
أحبّكِ يا أثينا.

امرأة
هي كلّ الحضارة الإغريقيّة,
يعيش المرء فيها كلّ الأساطير القديمة.
لا ... لا تشبه غير نفسها.
آلهة
أثناء تقديم عبيدها لحزنها و لحسنها قرابينا.
أحبّها
و أحبّكِ
يا أثينا.

Die Blondine von Athen

Sorbas … und alles hier verlockt mich
zu meiner Sehnsucht
und am Strand des Meeres war eine Flasche Kognak genug,

damit sich der Teufel und der Engel vereinigen,
dann gestaltet sich die Schönheit in uns.
Ich liebe dich, Athen.

Jammer im Herzen,
Erinnerungen geben ihm jetzt eine Chance,
damit ich mein Leben, Herzeleid für Herzeleid, lebe,
als zugehörig zu dem Schmerz, der mein Selbst euphorisiert.
Du, Himmel, regne
und befreie in mir alle Lieder, Wünsche und Frauen,

dann weiß niemand, in welchem Land er lieben wird
und für welches Land er die Sehnsucht erleiden wird.
Ich liebe dich, Athen.

Dort in einer kleinen Bar waren wir zusammen.
Sie trank ihren Wein und ich war voll Euphorie
von der Schönheit der Umrisse Aphrodites.
Ich hörte griechische Lieder nach ihrem Geschmack.

Ich verstand die Worte nicht,
aber mein Gefühl schluckte sie Melodie für Melodie
und Schmerz für Schmerz,
mit allem, was das Glas an Lust und Andacht hat.

Nein … nichts außer der Liebe lag dort in unseren Händen.
Ich liebe dich, Athen.

Eine Frau ist
die ganze griechische Zivilisation,
in der man alle alten Mythen erlebt.
Nein … sie gleicht niemandem bis auf sich selbst,
also einer Göttin, während ihre Sklaven

für ihre Traurigkeit und ihre Schönheit
Opfergaben darbringen.
Ich liebe sie und ich liebe dich, Athen.

مطار أثينا

الدمّ يقذفنا
من المنفى إلى المنفى.
هذي البلاد التي عاث بها السُّدى
ردى
تخنق المدى
في عيون عاشقها و تغتال الصّدى
حين صيحته يردّدها الأفق.
هذي البلاد قد أغلقتْ كلَّ الطُرق.

أنا هاجرتُ
أو هُجِّرتُ
و الحمام جميعه كذلك يطلب الهجرة.
من سيبقى إذن؟
لا ... لا تلتفت يا قلب.
هنا مطار أثينا ...
بوّابة المنفى.
هنا يأتي اللذين لم يُبقِ لهم الوطن
سوى الهروب منه
سوى الرّحيل عنه
و التخلي عن الأشياء.
الأشياء جميعها هناك تقمّصتْ دور الكفن.

مطار أثينا بوّابة الدّنيا
في أعين اللّاجئ
يستجدي منه فرصة لكي يحيا
بعيدا عن الموت الذي خان المبادئ.

مطار أثينا بوّابة الهاربين إلى الحياة.
طائرات طائرات.
غصّة في القلب

تحمل الذي يحالفه التّواطئ الدوليّ
نحو أوطان
لربّما يرتاح فيها من جنون الحرب,
لكنّه قطعا سيموت فيها فوق كفّ الذّكريات
في مهبّ الشّوق و الحنين.
كل واحد من المهاجرين المُهَجَّرين
يبتغي أرضا يعيش فيها على أمل,
أن يموت موتا طبيعيّا,
على فراشه في البيت مثلا
أو حتى في باص و هو في طريقه إلى العمل,
لا قتل, لا جهل فيها,
لا فقر, لا قهر
و لا فشل.
هجرة ...
تتوزّع المنافي جسومنا
و الأرواح لم تبارح مسقط حزنها الجميل
و الجليل.
تطلبنا المنافي لنحياها, فنذهب مسرعين
لنصرخ حينما نصلُ:
لا بديل عن الوطن الحزين.
آه يا أثينا
هل من الحكمة هكذا أن تستنزفينا؟

تشرّدنا لعنة
سوف تصبّ جحيمها على العالم.
من كلّ الأعمار
و الأدوار,
يموّهون أشكالهم ليخدعوا أمن المطار,
لكنّ ما تركه الحزن في عيونهم من الآثار
يفضحهم.
ينكشفون فيُطردون
و يرجعون مرّة أخرى و يحاولون.
لا أحد كان يسأل نفسه عن الرّجوع,
فالوقت الآن للرّحيل فقط.
لا أحد كان يسأل نفسه

عن الوطن الذي سقط,

كأن الكلّ كان في سرّه يدري

بأن الوطن صار الإنكسار.

جموع ...

دموع ...

أعوام كثيرة مرّت

على انتمائنا لبرزخ المطار

و أعوام كثيرة سوف تأتينا

في مطار أثينا

و نحن مازلنا نعيش في مهبّ الإنتظار.

انتظار ...

انتظار ...

انتظار.

Der Flughafen von Athen

Das vergossene Blut wirft uns vom Exil zum Exil
und dieses Land, das die Sinnlosigkeit mit dem Tod erfüllte,
würgt die Weite in den Augen seines Liebenden

und ermordet das Echo,
wenn der Horizont sein Schreien wiederholt.
Dieses Land schloss alle Wege.

Ich emigrierte oder wurde vertrieben
und alle Tauben auch verlangen die Migration.
Wer wird dann bleiben?
Nein … du Herz, dreh dich nicht um.
Hier ist der Flughafen von Athen, also das Tor des Exils.
Hierher kommen die,
denen die Heimat nichts ließ, bis auf die Flucht vor ihr,
bis auf den Weggang von ihr und das Verzichten auf alle Dinge.
Alle Dinge dort schlüpften in die Rolle des Leichentuchs.

Der Flughafen von Athen ist das Tor
des Diesseits in den Augen des Flüchtlings.

Er erbettelt von ihm eine Chance, um zu leben,
weit weg vom Tod, der die Grundsätze verriet.

Der Flughafen von Athen ist das Tor der Fliehenden ins Leben.
Flugzeuge … Flugzeuge.
Ein Herzeleid im Herzen bringt den,
den die internationale Mittäterschaft verbündet,
in Heimaten, in denen er sich
vielleicht von der Kriegsverrücktheit auruht.
Er wird aber in ihnen bestimmt
auf der Hand der Erinnerungen am Ursprung
des Verlangens und der Sehnsucht sterben.
Jeder von den Migranten und den Vertriebenen
will eine Erde, auf der er lebt, in der Hoffnung darauf,
dass er einen normalen Tod stirbt,
also in seinem Bett zu Hause zum Beispiel
oder auch in einem Bus, während er unterwegs zur Arbeit ist.
Eine Erde, auf der es keinen Mord,
keine Unwissenheit, keine Armut, keinen Zwang
und kein Scheitern gibt.

Migration …
Die Exile teilen unsere Körper,
während die Seelen das Vaterland
ihrer schönen und erhabenen Traurigkeiten
nicht verließen.
Die Exile verlangen uns, damit wir sie leben,
dann gehen wir schnell, um zu schreien, wenn wir ankommen:
Keine Alternative für die traurige Heimat.
O Athen, ist es klug,
dass du uns so ausschöpfst?

Unsere Heimatlosigkeit ist eine Verdammnis,
die ihre Hölle auf die ganze Welt werfen wird.
Mit allen Altern und mit allen Rollen
kaschieren sie ihr Aussehen,

um die Flughafensicherheit zu betrügen,
aber das, was die Traurigkeit in ihren Augen
an Wirkungen ließ, entlarvt sie.
Sie sind enttarnt, dann abgeschoben.
Sie kommen doch wieder zurück und versuchen es von neuem.
Niemand fragt sich nach der Heimkehr,
weil die Zeit jetzt nur für den Weggang ist.
Niemand fragt sich nach der Heimat, die fiel,
als ob alle insgeheim wussten,
dass die Heimat der Zusammenbruch wurde.
Menschenmengen … Tränen.
Viele Jahre vergingen über unsere Zugehörigkeit
zum Limbus des Flughafens
und viele Jahre werden zu uns kommen,
am Flughafen von Athen,
während wir immer noch im Warten leben.
Warten …
Warten …
Warte.

نساء الجبل الأسود

جمال كالسمّ إذا يتمكّن من شريان.

كلّ الأسرار و كلّ الأشعار هنا

تتوحّد في امرأة,

أيّة امرأة كانت بيضاء أو سمراء أو شقراء.

الجبل لقد وهبَ لهنّ العزّة

و من الوديان خصوبتهنّ.

تتسارع دقّات القلب

إلى حدّ الشهقة و الحرقة و الهذيان

و تختلط عليّ أحاسيس غامضة

و كأنّي في الحجّ إلى أي مقدّس …

يا سبحان..

أسير وراء العبق

لأصل إلى جوهر كلّ الأشياء

و لأقتنع تماما أنّ الكون يكون بدون رجال
لكن لاشيء يكون بدون نساء.
هذي بلد دفنتُ قبح العالم منذ زمان
و احتشد جمال الدّنيا فوق عيون صباياها
فانظر حيث تشاء,
ترى وردا و شموسا
و فراشات و أغانٍ و أمانٍ و معان.

وصلتُ هنا و التّعب يهدهدني
فإذا بأمان يتسرّب في روحي
و كأنّ الله يغنّي
و ثمّة امرأة مثل نسيم الصّبح الدّافء
حين يلامس من أنهكه اللّيل,
فألقت بسكينتها فيّ بنظرة.
„ خذي ممن النّظرة هذي حزني „
تشرين في عينيها يقرأ عطشي,
يتخلّى من فرط وداعتها
عن سمة الغدر الموسوم بها.
صباح المطر الدّافئ
يا وجها يترنّم كلّ الكون بما فيه من الحسن,
يليق بك نزفي
ولَها و هياما و بهاء الشّكوى.
في الرّوح تلاوين و تلاحين تبغي و تحاول موسقة حضورك.
أدين لضوء أنوثتكِ بالنّجوى.
ها أنت أمامي و بكامل هيبتِكِ و غرورك
في أقصى الحانة.
نخبكِ
نخبكِ
نخبكِ
و الدّنيا كلّ الدنيا صارت في كأسي ريحانة.

Die Frauen von Montenegro

Schönheit wie das Gift,
wenn es eine Arterie beherrscht.
Alle Geheimnisse und alle Gedichte
vereinigen sich hier in einer Frau,
in irgendeiner Frau, gleich, ob weiß,
dunkel oder blond.
Der Berg verlieh ihnen den Stolz
und von den Tälern kommt ihre Fruchbarkeit.
Das Herzrasen verstärkt sich bis zum Keuchen,
zum Brand und zur Halluzination
und unklare Gefühle mischen sich vor mir,
als ob ich auf Pilgerfahrt
nach irgendeinem Heiligtum wäre.
Gepriesen sei …
Ich laufe hinter dem Duft her,
um beim Wesen von allem anzukommen
und um mich davon zu überzeugen,
dass das Universum ohne Männer sein kann,
aber nichts ohne Frauen ist.
Dieses Land begrub die Hässlichkeit der Welt
seit langer Zeit
und auf den Augen seiner Frauen
sammelte sich die Schönheit an,
dann schau, wohin du willst,
du siehst Blumen, Sonnen,
Schmetterlinge, Lieder,
Wünsche und Bedeutungen.

Ich kam hier an
und die Müdigkeit schüttelte mich,
dann bohrte sich eine Sicherheit in mich,
als ob der Gott sänge,
und es gab eine Frau wie die warme Morgenluft,
wenn sie den berührte, den die Nachtzeit ermüdete,

dann warf sie auf mich
ihre innere Ruhe.
»Nimm meine Traurigkeit
als Preis für diesen Blick«.
Der Oktober in ihren Augen
liest meinen Durst,
und dank der Stärke ihrer Sanftmut
verzichtet er auf die Heimtücke,
die ihm zu eigen ist.
Morgen des warmen Regens,
du Gesicht,
für dessen Schönheit das ganze Universum singt.
Mein Bluten als Zuneigung,
Liebeskummer,
Glanz und Gejammer
steht dir gut.
In der Seele gibt es
Farben und Melodien,
die danach streben,
deine Gegenwart in Musik zu verwandeln.
Ich verdanke dem Licht deiner Weiblichkeit
die Zwiesprache.
Da vor mir bist du
mit deiner ganzen Erhabenheit
und deiner Eitelkeit
in der Ferne der Kneipe.
Zum Wohl auf dich …
auf dich …
auf dich
und das Diesseits
– das ganze Diesseits –
wurde zur Blume
in meinem Glas.

مع أولغا في بلغراد

أخيرا.. آه كم كانت هذه المدينة هاجسا
و اليوم صارت واقعا.
إنّي و إن كنتُ مرهقا من كلّ شيء و لكنّي
سأوزّع أحزاني عليها شارعا شارعا.

مطر مطر مطر.
تستقبلني بلغراد بالمطر
و ثمّة بائعة ورد تقف على ناصية شارع صغير
و ثمّة عاشقان يعانقان بعضهما و يمضيان إلى القمر.
اشتريتُ وردة و أهديتها للبائعة.

حميميّة مطلقة
مثل حميميّة القلوب العاشقة
أحسّها الآن
و بلغراد هذي جميلة ليس فقط كنسائها
بل ككلّ النّساء فيها.
صدفة كان لقاؤنا للحياة
و لم نكن بحاجة إلى لغة كي نبني حوار حبّ.
عيوننا كانت تفي بالغرض.
و كان يكفي كذلك كي أفهمها و تفهمني أن أدقّ كأسها بكأسي.
كأسان من النبيذ و موسيقا تنبعث من مكان ما
و بلغراد التي تعرف كيف تحفر اسمها فينا عميقا
و أولغا ...
كلّ ذلك كان كافيا لأصعدَ قمّة الجنون في نفسي.

لأولغا عينان أجمل من حكايات الجدّة
و شعر يخترع أبجديّة القمح و ابتسامة مثلي حزينة
و رائحة تشبه لمسة الأم على جبين ابنها المرهق.
يتهجّؤ القلب صوتها الذي يوقظ الجمال في كلّ شيء ثم يشهق بالحنين.
أرستقراطيّة نوعا ما, مجنونة أحيانا, بسيطة غالبا
و جميلة في كلّ وقت, سواء حين تصمت و أيضا حين تتحدّث.
أما أنا فأحبُّ تأمُّلها حين تفعل أي شيء,
ربّما يمنحني ذلك فرصة لأستعيد ذاتي من هواجس الطّريق إلى المنفى.
كنّا سويّا في تلك الحانة التي شهدت كلّ شيء.
كانت ترتشف نبيذا و كنتُ أرتشف نظراتها إليّ.

الجوّ في الخارج بارد جدا

و حين سألتها „ ألا تشعرين بالبرد بدون معطف؟"

قالت: لا تنسَ أنني من روسيا.

كم أنا الآن بحاجة إلى التّدخين لأستطيع استيعاب كلّ هذا الحزن

الذي يطلّ عليّ من ابتسامتها حين كانت تشتم نظام بلادها السّياسيّ.

تعجبني شتائمها الشّعريّة

و يعجبها الضّياع معي في شوارع بلغراد.

لا ... لم نشعر بأيّ حاجة للمظلّة التي كانت بحوزتنا.

ألقتْ بها أولغا لمتسوّل و قالت لي:

مطر بلغراد دافء أخضر

مثل أيدينا التي تعانق بعضها الآن و تعانق في عناقها الطّرقات.

سألتُ: إلى أين سوف نذهب الآن؟

قالت: لا أعرف. بلغراد رائعة مع الضّياع, فهيّا لنضيع أكثر.

ضياع؟ لقد حاصرْنا النّهار من جميع جهاته

و تركْنا للّيل فرصة كي يحاصرَنا من جميع جهات الشّغف,

و لكنّ الوداع ليس يؤمن بالصُّدف.

إنّه مصير مطلق,

لا يعيبه العاشقون إلا حين يدقّ على باب غفلتهم بدون موعد مُسبَق.

في ساعة متأخّرة من النّبيذ هذه اللّيلة

و ما من موسيقا سوى

صوت المطر في الخارج حين يرتطم بالأرض,

لاشيء يدفّنني سوى جسد أولغا الذي يتنهّد فوق جسدي

و رائحة شعرها المبلّل

و شرودها في كلّ شيء ما عداي.

كم أصبحت – بعد مطر بلغراد و بعد التّسكّع في الشوارع تحته –

تخاف لقاء عيوننا.

ربّما تخاف من جرح مقبل

أو ربّما لا تريد خيبة أخرى تصيب قلبها الصّغير.

أنا كذلك

إنّما لم يبق في القلب متّسع للمزيد من وحشيّة الذّكرى.

آه ما أثقل ظلّ السّكوت,

حين يغمر المكان بأحاسيس مبهمة.

أولغا تخاف الحبّ و أنا أخاف الحبّ,

فالحبّ بطبعه طاغوت.

تقول لي: إلى أين سوف ترحل؟

فأجيبها: وداعا أولغا

ثمّ أسمع صوت قلبي:

أهلا بندبة جديدة في الرّوح.

يحدث أحيانا أننا نرفض الحبّ

رغم حاجتنا له

و لا نرتضي أصلا ولادته,

كي لا مُميتنا حين يموت.

وداعا أولغا ... و الألم يشعل في القلب أعماقه.

صديقي يقول مواسيا:

بلغراد كئيبة في الخريف,

كأنّ شاعرا بعثر في العشق أوراقه.

قلتُ: أنا لم أرها في بقيّة الفصول

لكنّها الآن - في الخريف - خلّاقة.

Mit Olga in Belgrad

Endlich … o wie diese Stadt eine Besessenheit war
und heute eine Realität wurde!
Obwohl ich von allem erschöpft bin,
werde ich meine Traurigkeit auf ihr, Straße für Straße, verteilen.

Regen … Regen … Regen …
Die Nachtzeit von Belgrad empfängt mich mit Regen.
Eine Blumenverkäuferin steht an der Ecke einer kleinen Straße
und zwei Liebende umarmen einander und gehen in den Mond.
Ich kaufte eine Blume und schenkte sie der Verkäuferin.

Eine vollkommene Intimität,
wie die Intimität der liebenden Herzen, fühle ich jetzt,
und dieses Belgrad ist schön,
nicht nur wie seine Frauen, sondern auch wie alle Frauen in ihm.
Zufällig wie das Leben war unser Treffen.
Wir brauchten keine Sprache,
um einen Liebesdialog zu führen.
Unsere Augen waren zweckdienlich,

und es war auch genug,
dass ich sie verstehe und dass sie mich versteht,
dass ihr Glas mein Glas anstößt.
Zwei Gläser Wein und Musik von irgendwoher,
und Belgrad, das weiß,
wie es seinen Namen tief in uns bohrt
und Olga.
All das war genug, damit ich
zu dem Höhepunkt der Verrücktheit in mir steige.

Olga hat zwei Augen,
die schöner als Omas Märchen sind,
Haare, die das Alphabet des Weizens erfinden,
ein Lächeln, das traurig ist wie ich,
und einen Geruch, der der Berührung der Mutter
auf der Stirn ihres erschöpften Sohns gleicht.
Das Herz buchstabiert ihre Stimme,
die die Schönheit in allem weckte,
und danach atmet es etwas von der Sehnsucht ein.
Sie ist aristokratisch irgendwie, manchmal verrückt,
oft einfach und schön zu jeder Zeit,
sowohl wenn sie schweigt als auch wenn sie redet.
Ich liebe aber, sie zu betrachten,
wenn sie irgendetwas macht.
Vielleicht verleiht mir das eine Chance,
mein Selbst von der Besessenheit des Weges ins Exil zurückzuhaben.
Wir waren zusammen in jener Kneipe, die alles erlebte.
Sie trank Wein und ich trank ihre Blicke auf mich.
Es war sehr kalt draußen
und als ich sie fragte: Ist dir nicht kalt ohne Jacke?,
sagte sie: Vergiss nicht, dass ich aus Russland bin.
Wie ich jetzt das Rauchen brauche,
um diese ganze Traurigkeit zu verstehen,
die auf mich aus ihrem Lächeln herabsah,
während sie das politische Regime ihres Landes beschimpfte.

Ihre poetischen Beschimpfungen gefallen mir
und ihr gefällt der Verlust mit mir in den Straßen von Belgrad.
Nein … wir fühlten kein Bedürfnis nach dem Regenschirm,
den wir hatten.
Olga warf ihn zu einem Bettler und sagte mir:
Der Regen von Belgrad ist grün,
wie unsere Hände, die einander jetzt umarmen
und die in ihrer Umarmung die Wege umarmen.
Ich fragte: Wohin werden wir jetzt gehen?
Sie sagte: Ich weiß es nicht.
Belgrad ist wunderbar mit dem Verlust.
Komm und lass uns mehr verlieren.

Verlust?
Wir schlossen den Tag von allen seinen Richtungen ein
und lassen der Nachtzeit eine Chance,
damit sie uns von allen Richtungen der Leidenschaft einschließt,
aber der Abschied glaubt nicht an die Zufälle.
Er ist ein absolutes Schicksal,
das die Liebenden nicht erkennen, außer,
wenn es an die Tür ihrer Achtlosigkeit
ohne eine vorherige Terminverabredung klopft.

In einer allzu späten Stunde,
zum Wein, in dieser Nacht, gab es keine Musik,
bis auf die Stimme des Regens draußen, wenn er auf den Boden
fiel.
Nichts erwärmte mich außer dem Körper Olgas,
der auf meinem Körper seufzte, und dem Geruch ihrer nassen
Haare
und ihrer Gedankenlosigkeit in allem außer mir.
Wie sie – nach dem Regen von Belgrad und dem Schlendern
auf den Straßen unter ihm – Angst
vor dem Treffen unserer Augen hatte!
Vielleicht hat sie Angst vor einer kommenden Wunde,

vielleicht will sie keine andere Enttäuschung, die ihr Herz trifft.
Ich auch … aber es gibt im Herzen keinen Platz
für mehr Grausamkeit der Erinnerung.
Oh wie schwer der Schatten der Stille ist,
wenn sie den Ort mit rätselhaften Gefühlen überflutet.
Olga hat Angst vor der Liebe und ich habe Angst vor der Liebe,
weil die Liebe ihrem Wesen nach ein Satan ist.
Sie sagte mir: Wohin wirst du weggehen?
Ich antwortete ihr: Tschüss Olga …
Danach hörte ich die Stimme meines Herzens:
»Willkommen« an eine neue Narbe in der Seele.
Es passiert manchmal, dass wir die Liebe,
trotz unseres Bedürfnisses nach ihr, ablehnen
und ihre Geburt zunächst nicht akzeptieren,
damit sie uns nicht tötet, wenn sie stirbt.

Tschüss Olga …
und der Schmerz zündet im Herzen seine Tiefen an.
Mein Freund sagte tröstend: Belgrad ist depressiv im Herbst,
als ob ein Dichter seine Blätter in der Liebe verstreute.
Ich sagte: Ich sah es in den anderen Jahreszeiten nicht,
aber es ist jetzt – im Herbst – schöpferisch.

بودابست

امرأة
أو قصيدة,
ليس يغريها الغريب
بحزنه الأبديّ,
حين يكون توأما للقلب,
لكنّها تغريه
بانكسارات عديدة
في مهبّ الحبّ.

Budapest

Eine Frau
oder ein Gedicht,
die der Fremde
nicht verlockt,
zu seiner Traurigkeit,
wenn sie ein Zwilling des Herzens ist,
aber sie verlockt ihn
zu mehreren
Niedergeschlagenheiten
in der Liebe.

جَلد

الذَنب يجلدنا..
أه منك يا وطن
و آه منك يا مواطن,
هل أنتما ضحيّة لخيانة الآخرين
أم أنّ واحدا منكما هو الخائن؟

الحزن يجلدنا ...
كم من قصص
و كم من غصص
في مخيّمات اللجوء الحدوديّة
قادرة على تعرية العالم كلّه
مما فيه من أخلاق و إنسانيّة!
و هناك في أقصى زاوية من أنقاض المنزل
و من أنقاض الوطن
و من أنقاض المستقبل
طفل سورّيّ يبول على آخر شعار
من شعارات القرن الواحد و العشرين
و على آخر مبدأ أقرّه مجلس حقوق الإنسان
و يسأل: أين الله؟
صحيح, أين أنت يا الله؟
أطفالنا لا يكفّون عن الأسئلة.
أين أنت؟

و لماذا لا تسمع أصواتهم
كما تسمع أصوات الآخرين؟
أحدهم ظنّ أنّك عاجز عن المساعدة لأنّك مشلول
مثل والده الذي فقد نصفه السّفليّ بعد انفجار القنبلة.
وبّخته أمّه على تفكيره هذا
لكنّ لا أحدا يحقّ له أن يوبّخني إذا صرختُ:
يالله إظهر,
تعبنا من هذه الغميّضة الأبديّة الأزليّة.

الكلّ يجلدنا ...
على هذه الأرض التي أخصيتموها
كان شعبي
يحرث الحلم
و يبذر الأمل
و يسقيه حُبًا و شمسا
هنا كان قلبي
وردة حوّلتموها جرحا ينزف يأسا
و يداري بالصّمت يأسه.
لا أنا لستُ لاجئا ,
إنما هذا العالم كلّه لاجئ في دمي
بعد أن خان نفسه.

Auspeitschung

Die Schuld peitscht uns aus. O du Heimat, o du Bürger,
seid ihr beide ein Opfer des Verrats der anderen
oder ist einer von euch der Verräter?

Die Traurigkeit peitscht uns aus.
Wie viele Geschichten und Herzeleide
in Grenzen-Flüchtlingslagern sind, die fähig sind,
die ganze Welt davon entkleiden zu können,
was es in ihr an Moral und Menschlichkeit gibt!
Und dort im hintersten Winkel der Tümmer des Hauses,
der Trümmer der Heimat und der Trümmer der Zukunft
pisst ein syrisches Kind auf den letzten Slogan

im 21. Jahrhundert und auf den letzten Grundsatz,
den der Menschenrechtsrat anerkannte
und es fragt: Wo ist der Gott? Richtig, Gott, wo bist du?
Unsere Kinder hören mit den Fragen nicht auf.
Wo bist du? Und warum hörst du ihre Stimmen nicht,
wie du die Stimmen der anderen hörst?
Eins von ihnen dachte, dass du nicht helfen kannst,
weil du gelähmt bist wie sein Vater, der seine unteren Extremitäten
nach der Explosion der Bombe verlor.
Seine Mutter tadelte es wegen dieser Gedanken.
Niemand hat aber ein Recht darauf, mich zu tadeln,
wenn ich schreie: Gott, erscheine. Wir wurden müde
von diesem zeitlosen und ewigen Versteckspiel.

Alle peitschen uns aus.
Auf dieser Erde, die ihr kastriertet, war mein Volk,
um den Traum zu pflügen und die Hoffnung zu säen
und sie mit Liebe und Sonne zu gießen.
Hier war mein Herz als Blume, die ihr ändertet,
in eine Wunde, die Hoffnungslosigkeit blutet
und die unter dem Schweigen ihre Hoffnungslosigkeit versteckt.
Nein … ich bin kein Flüchtling,
sondern die ganze Welt ist ein Flüchtling in meinem Blut,
nachdem sie sich selbst verriet.

بلا مصير ... قدر السّوريّ

يا قلّة الحياة

هناك في بلاد كلّ ما فيها هو الموت.

كثير من السنوات بدون عيش, كثير من السّنوات.

لابرّ الامان يلوّح للسّفينة و لا أحد هنالك يرمي للغريق طوقا للنّجاة.

لم تكن البراميل و القذائف كافية.

لم تكن رصاصات القنّاص كافية.

لم يكن كافيا ذلك الحقد الذي برع في رسم ملامح الجلاد

و هو يستهلك جسد السّجين في الزّنزانة الإنفراديّة.

لم يكن كافيا هذا اليمين العاهر كمطامحه الوهميّة.

لم يكن كافيا هذا الخذلان اليساريّ و الخيانة النّخبويّة.

لم يكن كافيا هذا الإستئساد الكونيّ على الغزالة.

لم يكن كافيا هذا الفجور الدوليّ الموشّى بالنذالة.

لم تكن كافية جرعات القهر اليوميّة, بل و السّاعيّة, لاماء,

لا كهرباء, لا خبز و لا أمان و لا طفل يولد,

إلا و كان في انتظاره العقم و العبثيّة.

لم يكن كافيا هذا اليأس المدقع و الحرمان الأسود.

لم يكن كافيا تزوير المشهد,

مشهد الامّ التي تبكي على ابنها الشّهيد

و الإعلام المنافق الذي يصوّرها ممعنة في الزّهور و الزّغاريد.

لم يكن كافيا هذا البرد و الجوع اللذان

يوزّعان الذّلّ على سكّان المخيّمات الحدوديّة.

عيد؟ (بأيّ حال عدتَ يا عيد؟),

لماذا أتيتَ و أنت تدري بأنّ الحياة, لا الموت,

صارت الآن هزيمة الإنسان؟

بلا مصير.

مطارات أثنينا رتّقتْ ثقوب أحلامه

بالمزيد من الخوف و الإنتظار و القلق

و غابات مقدونيا, صربيا و هنغاريا

أكلت من أقدامه قطعا

و من قلبه كلّ تدفّق الدمّ في مهبّ المسير

و شواطئ إيطاليا أطعمتْ أسماكها

حتّى أشبعتها لحمه

من فرط ما اغتصبَ رحلته الغرق.

بلا وطن.. بلا منفى,

فالحياة أصبحت نوعا من التّرحيل و التّهجير

و الموت ...

هذا المريض النّفسيّ يلاحق السوريّ

حتى ...

حتّى ...

في نزوحه الأخير.

111

Ohne Schicksal … die Vorsehung des Syrers

Oh, die Wenigkeit des Lebens
dort in einem Land,
in dem alles der Tod ist.
Viele Jahre ohne Leben … viele Jahre.
Weder winkt die Sicherheit dem Schiff,
noch wirft jemand
dem Ertrinkenden einen Rettungsring zu.

Die Pulverfässer und die Geschosse waren nicht genug.
Die Scharfschützenkugeln waren nicht genug.
Der Hass war nicht genug, der es beherrscht,
die Umrisse des Henkers zu malen,
während er den Körper des Gefangenen
in der Einzelzelle verzehrte.
Dieses lüsterne Rechts,
das wie seine illusorischen Ehrgeize ist, war nicht genug.
Diese linksgerichtete Enttäuschung
und dieser elitäre Verrat waren nicht genug.
Diese globale Löwenisierung gegen das Reh
war nicht genug.
Diese internationale Ausschweifung,
die mit Erbärmlichkeit bestickt wurde,
war nicht genug.
Die täglichen, beziehungsweise stündlichen Trauerdosen
waren nicht genug, also kein Wasser, kein Strom,
kein Brot, keine Sicherheit
und kein Kind, das geboren wurde und geboren wird,
auf das das Furchtbare und die Sinnlosigkeit
nicht warten.
Diese bittere Hoffnungslosigkeit
und diese schwarze Entbehrung waren nicht genug.
Die Fälschung der Szene war nicht genug,
also die Szene der Mutter,
die für ihren Märtyrersohn weint,

während die scheinheiligen Medien sie so fotografieren,
als wäre sie maßlos mit Blumen und Liedern gewesen.
Die Kälte und der Hunger waren nicht genug,
die die Demut
auf die Bewohner der Grenzcamps verteilte.
(Fest?
Mit welchem Fall, du Fest,
kamst du zurück?)
Warum kamst du, während du weißt,
dass das Leben jetzt
– und nicht mehr der Tod –
die Niederlage des Menschen wurde?

Ohne Schicksal.
Die Flughäfen von Athen
flickten den Löchern seiner Träume
mehr und mehr Angst, Warten und Sorge an,
und die Wälder in Mazedonien, Serbien und Ungarn
fraßen Stücke von seinen Füßen
und all sein Blut,
das aus dem Herzen strömte,
und die Strände in Italien fütterten ihre Fische
mit seinem Fleisch, bis sie sie sättigten
aus Maßlosigkeit,
dass das Ertrinken seine Fahrt vergewaltigte.
Ohne Heimat … ohne Exil,
weil das Leben eine Art
von Abschiebung und Vertreibung wurde
und der Tod,
dieser psychisch Kranke,
verfolgt den Syrer
auch …
auch …
auch
bei seiner letzten Auswanderung.

غرباء

هو هكذا فقط.

غرباء نحن

حتّى في موتنا الأول … الحياة.

السياسة من دمائنا مترعة,

الأديان من دمائنا مترعة,

و القوميّات من دمائنا مترعة.

هل ظلّ هناك شيء لم يقاتلنا و يقتلنا؟

هل ظلّ هناك بلد لم يشرّدنا؟

هل ظلّ هناك أبواب مشرعة,

لاستقبالنا كبشر؟

مازلنا نبتسم بفرح

يخفي وراءه سنينا من اليأس

و نشكر الكاميرا التي تقول

أننا لاجئون, شحّادون, لا بأس

و التي لا تصوّرنا ككائنات فضائيّة

أو كإرهابيين يريدون تدمير هذا العالم.

هل هذا العالم عالم حقًا,

أم أنّه محض مبغى

و لا سوانا فيه الضّحيّة؟

غرباء

حتّى في سورياليّة موتنا الأخير,

فجأة هكذا بلا احتضار,

بلا أصدقاء يودّعوننا …

بلا دمعة …

بلا شمعة,

بلا من يقرأ على أرواحنا

تراتيل السّلام,

بلا نعش,

بلا نعي

و بلا قبر

نموت مرّتين,

مرّة بقنبلة

تمزّق أجسادنا مليون قطعة

أو طعاما لأسماك البحار,

و مرّة كذلك

يقتلنا صمت هذا العالم الذي

يخيّب الآمال

و يسرق الأحلام.

Fremde

Es ist nur so.
Fremde sind wir,
sogar in unserem ersten Tod, also dem Leben.
Die Politik ist voll von unserem Blut,
die Religionen sind voll von unserem Blut,
und die Nationalismen sind voll von unserem Blut.
Gibt es noch etwas,
  das uns noch nicht bekämpfte und tötete?
Gibt es noch ein Land,
  das uns nicht vertrieb?
Gibt es noch offene Türen,
  die uns als Menschen empfangen?
Immer noch lächeln wir mit Freude,
  die hinter sich Jahre der Hoffnungslosigkeit versteckt,
und danken der Kamera, die sagt,
  dass wir Flüchtlinge oder Bettler sind, also nicht so schlimm,
und die uns nicht als Außerirdische oder Terroristen,
  die die Welt zerstören wollen, darstellt.
Ist diese Welt wirklich eine Welt
oder nur ein Bordell,
  in dem niemand außer uns das Opfer ist?

Fremde sind wir sogar,
  im Surrealismus unseres letzten Todes,
also plötzlich, ohne Agonie,
ohne Freunde, die uns verabschieden,
ohne Träne, ohne Kerze, ohne jemanden,
  der für unsere Seelen Friedenslieder liest,

ohne Totenbahren, ohne Todesanzeigen,
und ohne Gräber sterben wir zweimal,
einmal durch eine Bombe,
die unsere Körper in tausend Teile zersplittern lässt,
oder als Futter für die Meeresfische
und noch einmal
tötet uns das Schweigen dieser Welt,
die enttäuscht und die Träume stiehlt.

كيمنتس

Chemnitz

في القرية „ إيبرس دورف "

للبرد رائحة شهيّة
مفعمة بالنّقاء و بالصّفاء و الدّفء
تبشّر القلب بالنّضوج.
الجمال يبسط سلطته على كلّ شيء
و يفيض في المكان و في الرّوح
و قد تظهر الشّمس و لو لساعة في اليوم,
فأستغرق كلّ ثانية تمرّ في عناق الضّوء,
حينها يصبح للتّدخين نشوة و لذّة,
حينها تأخذ عيناي كلّ فرصتها للولوج
إلى سرّ الطّبيعة و الزّمن.
قريبا سوف تهطل الثّلوج,
قريبا سأحبّ إذن.

Im Stadtteil Ebersdorf

Die Kälte hat einen köstlichen Geruch,
der voller Reinheit, Heiterkeit und Wärme ist
und der das Herz mit der Reife missioniert.
Die Schönheit breitet ihre Macht auf alles
und überflutet den Ort und die Seele,
und es kann sein, dass die Sonne,
wenn auch nur für eine Stunde, erscheint.
Dann nutze ich jede verfließende Sekunde,
das Licht zu umarmen,
dann hat das Rauchen eine Euphorie und einen Genuss,
und meine Augen nehmen ihre Chance wahr,
ins Geheimnis der Natur und der Zeit einzutreten.
Bald wird es schneien, also ich werde bald lieben.

أحكام مسبقة و تعميم

كان يومي الثّالث في مدينة كيمنتس بلا مأوى إلا كامب اللّاجئين الواقع خارجة المدينة في ناحية " إيبرس دورف " و الذي أرسلتني إليه شرطة الأجانب في مدينة تابعة لمقاطعة ميونخ مع مجموعة من اللّاجئين -كثيرون سألوني و يسألون, لماذا جئتُ إلى كيمنتس. أنا لم آتِ إلى كيمنتس إنما أرسلتُ إليها- و بلا أصدقاء و بلا معارف إلا الذين تشاركت معهم الغرفة حسب خطّة التّوزيع في الكامب, بلا نقود و بلا ثياب إلّا الثّياب التي كنتُ ألبسها. لم أكن أملك شيئا, غربة كاملة.

كان الرّاتب الأسبوعيّ للشّخص الواحد 32 يويو و لم يكن يكفيني ممّن تبغ لثلاثة أيّام و لكنّي كنتُ أتدبّر أموري بشكل ما موقنا أنّ الخروج من هذا القفص قريب بلا شكّ.

و لأنني -كما قلتُ- لم أكن أملكُ إلا الثّياب التي كنتُ أرتديها قرّرتُ الذّهاب إلى المدينة لأشتري بعض الثّياب من مركز الصّليب الأحمر, حيث كانت الأسعار هناك رمزيّة, نصف يورو للقطعة الواحدة -بعد أن أصبحت أعداد اللّاجئين تتزايد في المدينة و مع فقرهم و حاجتهم إلى كثير من الأشياء, قام مركز الصّليب الأحمر برفع الأسعار, أحيانا إلى الضّعفين و قد عايشتُ ارتفاع الأسعار شخصيّا بين الفترة و الأخرى حين كنتُ أتردّد على المركز لشراء بعض السّلع-

و بالفعل, ذهبتُ مع اثنين من الأصدقاء و اشترينا من هناك ما يلزمنا ثمّ اخذنا نتجوّل في المدينة لكي نرى هذا القدر الذي وُهِبَ لنا أو الذي وُهِبنا له. أثناء التّجوال اقترَح أحد الأصدقاء أن نذهب إلى محلّ اليورو و هو دكان تُباع فيه معظم السّلع مقابل يورو واحد. كان الأصدقاء يحتاجون بعض الأشياء كالمناديل و شفرات الحلاقة و ما يشابهها. أخذنا نتجوّل لنستطلع المحتويات,

فنعرف اين نذهب حين نحتاج شيئا ما لاحقا. وجد الأصدقاء ما يحتاجونه, أمّا انا فقد كنتُ أحتاج منفضة سجائر بدل منفضة السّجائر الكرتونيّة التي صنعتها يدويّا في الكامب. و لكنني حين فكّرتُ بالأمر أكثر وجدتُ أن نقودي بالكاد تكفي ممّن تبغ -مع التّقنين- لذلك أعدتُها إلى مكانها و قرّرتُ أن منفضتي الكرتونيّة سوف تفي بالغرض حتّى أغادر القفص المسمّى " كامب ".

عند الكاسّة دفع صديقاي ممّن أردنا الخروج ثمّ أوقفتني الموظّفة التي قالت شيئا باللغة الألمانيّة التي لم اكن أفهم منها شيئا في ذلك الوقت لكنّني فهمتُ من حركاتها و إشاراتها أنّها تسأل عن المنفضة التي كنتُ أريد شرائها قبل قليل -من الواضح أنّها كانت تراقبنا و قد رأتني حين حملتُ المنفضة لكنّها لم ترني حين أرجعتها-. حاولتُ ان أشرح لها بالإنكليزيّة أنني أرجعتُ المنفضة إلى مكانها لكنّها لم تفهم أو لم ترد ان تفهم, ثمّ أشارتْ إلى الكيس الذي كنتُ أحمله و الذي كان يحوي الثّياب التي اشتريتها من مركز الصّليب الأحمر.

فهمتُ أنّها تريد تفتيشه. لم يكن وجعا فقط بل كان تمزّقا في القلب. في حالات كهذه أكون عادة شخصا مغرورا و وقحا و لا يمكن ان أقبل إهانة كهذي ابدا. كنتُ أريد أن أصرخ و ان أشتم و أن أعنف الموظفة لكنّني لم استطع شيئا سوى ان اعطيها كيس الثّياب لكي تفتّشه بحثا عن منفضة لم تكن موجودة إلّا في عقلها الذي هو لم يكن يريد رؤية الحقيقة. لا لم تكن تفتّش الكيس بل كانت تفتّش قلبي. لم تكن تقلّب الثّياب بل كانت تقلّب جروحي. لم تكن تبحث عن منفضة بل كانت تبحث عن انكساري. كنتُ حبيسا. السجن في هذه المرّة كان اللّغة. اللّغة حريّة و اللّاغة سجن. كنتُ مقيّدا في سجن عدم القدرة على التّعبير و على الدّفاع عن نفسي. كنتُ عاريا أمام سياط الإتّهامات و أمام

ضربات الذلّ المولود من صمتي القسريّ. كان موقفا مؤلما لكن عظيما, غيّر كثيرا من الأشياء في داخلي و
عدّل نظرتي إلى كثير من الأمور.

بعد عام كنتُ قد بدأتُ اتقان مبادئ اللّغة الالمانيّة, أي الفهم و التّعبير. ستّة أشهر كاملة كنتُ أذهب
فيها مرّتين أسبوعيًا إلى ذلك الدّكّان. أتجوّل فيه عشرين دقيقة دون ان أشتري شيئا محاولا لفت انتباه
الموظّفة من خلال حركات مريبة. كنتُ أريدها أن تسألني أو ان تتّهمني مرّة أخرى لكي أنفجر في
وجهها تاركا كلّ الحقد الذي في داخلي ليغسل عينيها من الرّؤية الخاطئة فلرمّا لا تُقدم على اتّهام أحد
آخر بدون دليل, لكنّني في هذه المرّة أيضا شعرتُ نفسي حبيسا. كان السّجن في هذه المرّة هو الرّغبة في
الإنتقام. حين أدركتُ هذه الحقيقة, أقلعتُ عن تلك المحاولات البائسة لاستفزاز موظّفة سأنساها مع
الكلمة الاخيرة من هذا النّص.

Vorurteile und Verallgemeinerungen

Es war mein dritter Tag in der Stadt Chemnitz, ohne Obdach,
bis auf das Flüchtlingslager, das außerhalb der Stadt, im Stadtteil
Ebersdorf, steht, zu dem mich die Ausländerbehörde in München
gemeinsam mit anderen Flüchtlingen schickte. – Viele fragten
und fragen mich, warum ich nach Chemnitz kam; ich kam nicht
nach Chemnitz, sondern ich wurde nach Chemnitz geschickt –
ohne Freunde, ohne Bekannte, außer denen, mit denen ich das
Zimmer, gemäß dem Plan der Verteilung im Camp, teilte, ohne
Geld und ohne Kleidung, außer der, die ich damals trug. Ich
hatte nichts, und es war eine vollkommene Fremdheit.

Das wöchentliche Taschengeld für eine Person betrug 32 Euro.
Das war nicht einmal genug für meinen Tabak für drei Tage, aber
ich glaubte irgendwie daran, dass ich diesen Käfig zweifelsohne
bald verlassen würde. Und weil ich, wie gesagt, keine Kleidung
hatte, außer der, die ich damals trug, entschied ich, dass ich in die
Stadt gehen würde, um Kleidung vom Roten Kreuz zu kaufen, wo
die Preise symbolisch waren, also 50 Cent pro Stück. – Nachdem
sich die Zahl der Flüchtlinge in der Stadt erhöhte, die arm waren
und doch ein Bedürfnis nach vielen Sachen hatten, erhöhte das
Rote Kreuz die Preise, manchmal bis auf das Vierfache. Ich selber
erlebte diese Preiserhöhung, als ich ab und zu dorthin ging, um ein
paar Waren zu kaufen. Einmal, ging ich mit zwei Freunden dahin
und wir kauften, was wir brauchten; dann wanderten wir in der
Stadt, um die Vorsehung zu sehen, die uns gegeben wurde und der

wir anheimgegeben wurden. Ein Freund schlug vor, dass wir in den Ein-Euro-Laden gehen sollten, also in einen Laden, in dem die meisten Waren für einen Euro verkauft werden.

Die Freunde brauchten ein paar Sachen, wie Tücher, Rasierklingen und dergleichen. Wir gingen in den Laden, um die Waren zu betrachten, auch, um zu wissen, wohin wir gehen müssten, wenn wir später etwas benötigen würden. Die Freunde fanden, was sie brauchten. Ich aber brauchte einen Aschenbecher, statt den aus Pappe, den ich im Camp gebastelt hatte, aber als ich nachdachte, fand ich, dass mein Geld kaum für ein wenig Tabak reichte, und deshalb brachte ich ihn an seinen Platz zurück und entschied, dass mein Papp-Aschenbecher ausreichend sein würde, bis ich den Käfig, der Camp heißt, verließe. An der Kasse bezahlten meine Freunde den Preis für ihre Sachen. Als wir rausgehen wollten, stoppte mich eine Mitarbeiterin und sagte etwas auf Deutsch, von dem ich damals nichts verstand. Ihren Bewegungen und Zeichen entnahm ich, dass sie nach dem Aschenbecher, den ich gerade hatte kaufen wollen, fragte – es war klar, dass sie uns beobachtet und mich gesehen hatte, wie ich den Aschenbecher trug, aber mich nicht gesehen hatte, als ich ihn zurückbrachte. Ich versuchte, ihr auf Englisch zu erklären, dass ich den Aschenbecher an seinen Platz zurückgebracht hatte, aber sie verstand nicht oder sie wollte nicht verstehen. Danach zeigte sie auf die Tüte, die ich trug, in der die Kleidungsstücke waren, die ich vom Roten Kreuz gekauft hatte. Ich verstand, dass sie sie durchsuchen wollte. Da war nicht nur ein Schmerz, sondern auch eine Zerrissenheit im Herzen.

In solchen Fällen bin ich normalerweise eine sehr arrogante und freche Person, die solch eine Beleidigung nicht hinnehmen kann. Ich wollte schreien und die Mitarbeiterin beschimpfen – aber ich konnte nichts tun, außer dass ich ihr die Tüte gab, damit sie sie nach einem Aschenbecher durchsuchte, der nur in ihrem Kopf, der die Wahrheit nicht sehen wollte, existierte. Nein, sie durwühlte nicht die Tüte, sondern mein Herz. Sie rührte nicht die Kleidung an, sondern meine Wunden. Sie suchte nicht nach einem Aschenbecher, sondern nach meinem Zusammenbruch. Ich war eingesperrt. Das Gefängnis dieses Mal war die Sprache.

Sprache ist Freiheit und Nichtsprache ein Gefängnis. Ich war gefesselt im Gefängnis der Unfähigkeit, mich zu äußern und mich zu verteidigen. Ich war ganz nackt vor den Peitschen der Vorwürfe und vor den Schlägen der Demütigung, die aus meinem erzwungenen Schweigen geboren wurde.

Es war eine schmerzhafte Situation, aber eine bedeutende, die viele Sachen in mir und meine Sicht auf viele Dinge änderte. Nach einem Jahr war ich so weit, dass ich Deutsch gut verstehen und sprechen konnte; ich begann das Prinzip der Sprache zu begreifen. Für sechs Monate ging ich nun zweimal wöchentlich in jenen Laden. Ich ging in ihm jedes Mal zwanzig Minuten umher, ohne etwas zu kaufen. Ich versuchte, die Aufmerksamkeit der Mitarbeiterin durch verdächtige Bewegungen zu erregen. Ich wollte, dass sie mich fragte und wieder beschuldigte, damit ich in ihr Gesicht hinein explodieren und den Hass, der in mir war, loslassen könnte, damit ihre Augen vom falschen Sehen gereinigt würden, so dass sie vielleicht niemanden mehr ohne Beweis beschuldigen würde … aber auch dabei fühlte ich mich eingesperrt. Das Gefängnis dieses Mal war der Rachedurst. Als ich diese Wahrheit erkannte, hörte ich mit diesen elenden Versuchen auf, eine Mitarbeiterin zu provozieren, die ich mit dem letzten Wort dieses Textes vergessen werde.

في كامب اللاجئين, كيمنتس, إيبرس دورف

الآن هنا في كيمنتس, في الكامب عند أوّل الصّبح

بعد فنجان قهوة و ثلاث سجائر و حنين

أبكي و أمدح البنفسج الذي تفتّح في حدائق المنفى

و أعلن قلبي مستشفى

للقادمين من وطني الحزين

هاربين من الموت حاملين في قلوبهم لعنة الجرح.

أولئك الذين فقدوا القدرة على التّمييز بين الرّعد في الشّتاء

و بين القذائف التي تنهمر هناك كالمطر

فتغرق المكان بالأشلاء

و تغرق الزّمان بالدّماء و الحفر.

آه كم تشابهت عليهم الأصوات

و لم يبقَ إلا الصّمت

آه كم تشابه الاحياء و الاموات

من فرط انتشار الموت.

ما أصغر الدّمعة

ما أكبر اللّوعة

حين يقول لاجئ: لم نكن نريد غير أن نعيش مثل باقي النّاس

في وطن وطن

حقيقيّ و ليس محض اسم مجرّد من الإحساس

بلا معنى يعيش خارج الزّمن.

ما أبسط القصّة

ما أعمق الغصّة

حين آخر في مقابلته قال للقاضي:

خذ يا غريب أسراري و اوجاعي الثقيلة

و اذهب حيث شئتَ و لا ترجع هنا أبدا.

خذها فتستريح الرّيح فيّ من دور البطولة

و لربّما نسيتُ ذلك البلدا

أو أخرجت جلالتكم و لو حلما من تحت انقاضي.

ما أصعب الشّهقة

ما ألهب الحرقة.

أمّا أنا فسوف أشعل سيجارة أخرى

و أبكي في مهبّ الحنين و الذّكرى

و أقول للموت بكلّ ما فيه من عجز و جهل:

أيّها الأمّيّ العاجز عن قراءة قصيدة حبّ في ابتسامة طفل
أيّها العاجز عن شمّ عبق شَعر صبيّة
أيّها العاجز عن سماع الموسيقا و عن الرّقص تحت ضوء الأغنيات,
رفقا بأهل سوريّة, فإنّهم لا يريدون أيّ شيء من الدّنيا سوى الحياة.

Adalbert-Stifter-Weg, Chemnitz Ebersdorf

Jetzt, hier in Chemnitz, im Camp,
beim Beginn des Morgens,
also nach einer Kaffeetasse
und drei Zigaretten und einer Sehnsucht …
weine ich und lobe das Veilchen,
das in den Gärten des Exils blühte,
und verkünde,
dass mein Herz ein Krankenhaus ist
für die Kommenden aus meiner traurigen Heimat,
vom Tod fliehend
und in ihren Herzen die Verdammnis
der Wunde tragend.
Sie sind die,
die ihre Fähigkeit verloren,
zu unterscheiden, zwischen dem Donner im Winter
und den Geschossen, die dort
wie der Regen strömen,
dann überfluten sie den Ort mit den Körperteilen
und die Zeit mit dem Blut und den Löchern.
Oh, wie ihnen die Stimmen gleich wurden
und nichts
bis auf das Schweigen übrigblieb!
Oh, wie die Lebendigen und die Toten gleich wurden
aus Maßlosigkeit der Verbreitung des Todes!
Wie klein die Träne ist!
Wie groß die Qual ist,
wenn ein Flüchtling sagt:
»Wir wollten nichts anderes,
als dass wir wie die anderen Menschen leben,

also in einer Heimat,
die eine echte Heimat ist
und nicht nur ein Name,
der vom Gefühl abstrahiert wurde
und sinnlos außerhalb der Zeit lebt.«
Wie einfach die Geschichte ist!
Wie tief das Herzeleid ist,
wenn ein anderer dem Richter in seiner Anhörung sagte:
»O du Fremder, nimm meine Geheimnisse
und meine schweren Schmerzen und geh,
wohin du willst und komm hierher nie zurück.
Nimm sie, dann ruht sich der Wind in mir
von der Rolle des Heldentums aus,
dann vergesse ich vielleicht jenes Land
oder ihre Majestät nimmt sogar einen Traum
aus meinen Trümmern heraus.«
Wie schwierig das Keuchen ist!
Wie entzündlich die Brandblase ist!
Ich werde aber noch eine Zigarette anzünden
und in dem Ursprung der Sehnsucht
und der Erinnerung weinen
und dem Tod mit allem,
was es in ihm an Unfähigkeit und Unwissenheit gibt,
sagen:
»O du Unwissender, der unfähig ist,
ein Liebesgedicht im Lächeln eines Kindes zu lesen
und den Duft der Haare einer Frau zu riechen
und die Musik zu hören
und unter dem Licht der Lieder zu tanzen,
sei sanft mit den Menschen Syriens.
Sie wollen nichts von dem Diesseits
bis auf das Leben.«

حوار في الكامب بين مجموعة من اللّاجئين

أ_ عن طريق أيّ بحر قد أتيتَ إلى هنا؟

ب_كلّ السّواحل تشبه بعضها. ربّما لأنّ نفس البحر يشكّلها جميعا بنفس الطّريقة. لقد صرنا لاجئين.

ت_ كفلسطينيّ صرتُ لاجئا للمرّة الثّانية.

ث_ هل اللّجوء قدر الملعونين أم أنّ اللّعنة قدر اللّاجئين؟

ج_ رماديّ هو لون الغرب و أحمر بسبب جرائمهم هو لون الامريكان.

ح_ هذه الدّول التي تدّعي أنّها صديقة الشّعب السّوريّ هي في الحقيقة من أقذر أعدائه. دول تمنعه من دخول أراضيها. تمنعه رغم انّه سيدخلها مجرّد عابر. سيدخلها هربا من الموت ذاهبا إلى الموت, إلى البحر ليركبه, فإذا نجا ربّما وصل إلى الحياة أو إلى شيء يشبه الحياة في مكان ما.

خ_ الأوروبيّون يتعاملون معنا بفوقيّة و لكن في الحقيقة لا يتعامل مع النّاس بفوقيّة إلا الذي يشعر بالدّونيّة.

ب_ و هل الدول العربيّة و الإسلاميّة أفضل؟ إنّهم أقذر. عرب و مسلمون؟ عندما يتصرّف أحد معنا بأخلاق, ندّعي أنّها أخلاق الإسلام التي سرقوها, كأنّ ديننا هو المصدر الوحيد للأخلاق في العالم و كأنّ كلّ الأديان الأخرى بلا اخلاق و كأنّه لم يمرّ على البشريّة آلاف المعلّمين الأخلاقيين الذين لم يكونوا في الأصل منتمين لأيّ دين, كأنّ فعل الخير حكر على المسلمين فقط و من يفعله سواهم, ينفون إنسانيّته بادّعائهم أنّ هذه أخلاقهم و هو من سرقها. نحن الذين ندّعي دوما أنّ هذه البلاد هي بلاد الكفّار اعداء الله و مع ذلك نأتي إليها هربا من بلاد الإسلام و الإيمان احباب الله, و إذا بدر منهم أيّ تقصير صغير او كبير بسبب أو بدون سبب, نبدأ بالشّتم و اللّعن و القول „ أهذه بلاد النّظام و القانون و العدل التي صدّعت رؤوسنا بادّعائها الحضارة و الثّقافة؟ „ و كأننا مفطومون على النّظام و الإنتظام و كأننا نزلنا من بطون أمّهاتنا ملتزمين بالقوانين فلا نخالف أيّ مخالفة و إذا انتقدنا أحد أو انتقد ديننا ننزل إلى الشّارع متظاهرين مهدّدين و حجّتنا في ذلك حريّة الرّأي و حريّة العقيدة. أين هي هذه الحريّات كلّها حين نزلنا إلى الشّوارع مهاجمين من عبّر عن رأيه؟ لماذا لم نحترم حريّته تلك؟

ث_ أنتَ تبالغ كثيرا. لقد أرعبني ما حدث في باريس و يرعبني ما يحدث في العالم من تفجيرات إرهابيّة يقوم بها مسلمون متطرّفون كانوا سببا من أسباب هجرتنا و الإسلام بريء من تصرّفاتهم و لكن إذا كانت باريس تستحقّ دقيقة صمت فإنّ سوريّة تستحق ان يخرس العالم من أجلها إلى الأبد.

ت_ هل انتَ مؤيّد للنّظام؟ لماذا هاجرتَ إلى أوروبّا؟ لماذا لم تبقَ في المناطق التي يسيطر عليها النّظام؟

ح_ هل انتَ معارض للنّظام؟ لماذا هاجرتَ نحو أوروبّا؟ لماذا لم تبقَ في المناطق التي تسيطر عليها المعارضة؟

أ_ لماذا لا تخرسان و تبكيان و لو مرّة واحدة على البلد التي راحت و راح كلّ مافيها؟ بعيدا عن أيّ انتماءات سياسيّة فإنّ لا أحد بريء من الدّم السّوريّ.

النظام و أصدقاؤه, المعارضة و أصدقاؤها, التنظيمات الإرهابيّة و داعموها, أمريكا و أوروبّا. كلّ العالم متّهم. الحبّ فقط هو البريء. الحبّ فقط لم يشارك في المجازر. الحبّ فقط لم يكن في سوريّة.

ج_ عندما يكون الآخرون فرحين و أنت لا, فإنّك كالأصمّ الذي يجلس في حفلة. هكذا انا, لا اعرف ما هو الفرح أو في أحسن الأحوال أصل إليه متأخّرا دوما. لماذا؟ أناس مازالوا يموتون هناك, هناك حيث نحن غير موجودين, هناك حيث كلّ شيء يحدث و لا احد يستطيع ان يفهمه. هناك سوريّة. لا لم تعد وطنا بلا خبز و لا حريّة و لا حب ليس وطنا, بل مبغى. لقد صارت منفى و المنفى صار نوعا ما وطنا او ما يشبه الوطن.

خ_ لا تخطئ في الرّؤية. لا يمكن للمنفى أبدا ان يصير وطنا. نحن هنا و الآن, لاجئون. هذا اللّقب سوف يظلّ ملتصقا بنا حتّى الموت, حتّى لو حصلنا على جنسيّة الدّول التي نعيش فيها. ما إن تحفروا في أراضيها أكثر من مترين فسوف ترون جثثنا قواعدا لأعمدة مبانيها العالية, هنودا حمرا و عربا و يهودا و آسيويين و أفارقة. إنّها غربة. لم يعد هذا العالم صالحا لكي يعيش فيه الإنسان منسجما مع نفسه و مع الآخرين وفق علاقة قائمة على المحبّة و التعايش و القبول. إنّها غربة.

أ_ لقد تغيّرنا كثيرا. الغربة لا تغيّر الشّخص بعد سنين من معايشته لها, بل تغيّره من الشّهر الأوّل.

ت_ و النّسيان؟

ث_ في الغربة لا ننسى شيئا, بالعكس تماما, نتمسّك بذكرياتنا التي عشناها مع النّاس الذين أحببناهم لكي نستطيع الإحساس بأنّنا مازلنا معهم. هكذا تخفّ الغربة و يهون الشّعور بالغربة.

ح_ لولا الحنين و نار أهواله.

لكانت الغربة خيرا من وطن يسقينا الموت بكلّ أشكاله.

ب_ إنّها أفضل منه على كلّ حال. افتح عينيك, لماذا التّسعينيّ في أوروبا مازال يخرج, يطير, يغني, يرقص و يحبّ الحياة, بينما الأربعينيّ في بلاد الشّرق عاجز عن الحياة كلّيّا, يضع يده على خدّه سارحا في قهره الازليّ؟ لماذا؟ إنّهم منذ البداية فهموا بأنّهم خُلقوا لكي يعيشوا الحياة, أمّا نحن فبالفطرة و بالولادة و بالوراثة بل و بالإكتساب مازلنا نفهم -بدون سبب ولا دليل و لا معنى- أننا خُلقنا لكي نعيش الموت, الموت فقط بكلّ أشكاله الماديّة منها و الرّوحيّة.

ث_ ما الحلّ للتحرّر من صراع الهويّة و الإنتماء؟

ب_ أن اكون, هذا هو الإنتماء. الإنتماء ليس أن تكون شرقيّا أو غربيّا و لا ان تكون مسلما أو مسيحيّا أو يهوديّا. الإنتماء أن تكون إنسانا. ان تكون أنت, فاعلا حيث كنتَ.

أ_ لقد تعبتُ من هذا الحديث الأبديّ الموجع. (تصبحون على وطن).

ب_ لن أصبح على وطن ولا بعشر سنين قادمة.

ت_ تصبحون على غربة.

ث_ تصبحون على منفى.

ج_ تصبحون على ضياع.

ح_ تصبحون على حنين.

خ_ تصبحون على ذكريات.

Eine Diskussion zwischen Flüchtlingen im Camp

A: Durch welches Meer kamst du hierher?

B: Alle Strände gleichen einander. Vielleicht, weil dasselbe Meer sie alle mit derselben Methode gestaltet. Wir wurden Flüchtlinge.

C: Als Palästinenser wurde ich zum zweiten Mal ein Flüchtling.

D: Ist das Asyl das Schicksal der Verdammten oder ist die Verdammnis die Vorsehung der Flüchtlinge?

E: Grau ist die Farbe des Westens und rot ist die Farbe der Amerikaner wegen ihrer Verbrechen.

F: Diese Länder, die behaupten, dass sie Freunde des syrischen Volkes sind, sind in Wahrheit seine unreinsten Feinde. Länder verbieten ihm, dass er ihre Böden betritt, obwohl er in sie als ein Vorübergehender hereinkommt, vor dem Tod fliehend, in den Tod gehend, ins Meer, um auszulaufen, dann, falls er überlebt, beim Leben ankommt oder bei etwas, das dem Leben irgendwo gleicht.

G: Die Europäer gehen mit uns mit Arroganz um, aber in Wahrheit geht niemand mit den Menschen mit Arroganz um, bis auf den, der Minderwertigkeitsgefühle hat.

B: Sind die arabischen und islamischen Staaten besser? Sie sind noch unreiner. Araber und Muslime? Wenn jemand mit uns moralisch umgeht, behaupten wir, dass diese Moral die Moral des Islams ist, die sie stahlen, als ob unsere Religion die einzige Quelle der Moral in der Welt wäre und als ob alle anderen Religionen ohne Moral wären und als ob keine Tausenden moralischen Lehrer der Menschheit aufgetreten sind, die keiner ursprünglich Religion angehörten und als ob das Guttun ein Monopol nur für die Muslime sei und wenn jemand anderes es tut, schaffen sie seine Menschlichkeit ab, durch ihre Behauptungen, dass diese Moral nicht seine Moral sei und er sie stehle. Wir behaupten immer, dass diese Länder die der Ungläubigen, also der Gottesfeinde, seien und trotzdem kommen wir zu ihnen, fliehend aus den Ländern des Islams und des Glaubens, also denen der von Gott Geliebten, und wenn ein Versäumnis von ihnen, ob klein oder groß und ob mit oder ohne Grund auftritt, fangen wir mit der Beschimpfung und der Verdammung an und sagen: »Sind diese Länder die Länder der Ordnung, des Gesetzes und der Gerechtigkeit, die unseren Köpfen mit ihren Vorstellungen von Zivilisation und Kultur wehtaten? – Als ob wir automatisch Ordnung und Regelmäßigkeit verkörperten und als ob wir aus den Bäuchen unserer Mutter, festhaltend an den Gesetzen, kamen, ohne irgendeinen Verstoß und irgendein Versäumnis zu begehen, und wenn jemand uns oder unsere Religion kritisiert, füllen wir die Straßen demonstrierend und drohend, und unsere Argumente dafür sind die Meinungsfreiheit und die Glaubensfreiheit. Wo waren alle diese Freiheiten, als wir auf den Straßen demonstrierten, gegen den, der seine Meinung äußerte, anstürmend? Warum respektierten wir diese, seine Freiheit nicht?

D: Du übertreibst stark. Es ängstigte mich, was in Paris passierte, und es ängstigt mich, was in der Welt an Terroranschlägen passiert, die radikale Muslime verüben und die einer der Gründe für unsere Migration waren, wobei der Islam an ihren Taten schuldlos ist, aber wenn Paris eine Schweigeminute verdient, verdient Syrien, dass die ganze Welt für es für immer schweigt.

C: Bist du Regimeverfechter? Warum emigriertest du nicht in die Regionen, die das Regime beherrscht?

F: Bist du ein Regimegegner? Warum emigriertest du nach Europa? Warum bliebst du nicht in den Regionen, die die Opposition beherrscht?

A: Warum schweigt ihr nicht und weint nicht zusammen, wenn auch nur einmal, für das Land, das ging, und für alles, was es in ihm gab, das ging? Egal, wo jemand politisch steht, niemand ist schuldlos am syrischen Blut. Das Regime und seine Freunde, die Opposition und ihre Freunde. Die terroristischen Vereinigungen und ihre Förderer, die USA und Europa. Die ganze Welt ist angeklagt. Nur die Liebe ist schuldlos. Nur die Liebe nahm keinen Teil an den Massakern. Nur die Liebe war nicht in Syrien.

E: Wenn die anderen glücklich sind, aber du nicht, bist du wie der Taube, der in einem Konzert sitzt. So bin ich. Ich weiß nicht, was die Freude ist, oder bestenfalls komme ich bei ihr zu spät an. Warum? Menschen sterben immer noch dort, wo wir nicht sind und wo all das geschieht, das niemand verstehen kann. Dort ist Syrien. Nein … es wurde nicht mehr eine Heimat. Eine Heimat ohne Brot, ohne Freiheit und ohne Liebe ist keine Heimat, sondern ein Bordell. Sie wurde zum Exil, und das Exil wurde irgendwie zur Heimat oder zu etwas, das der Heimat gleicht.

G: Sieh es nicht falsch. Das Exil kann nie zu einer Heimat werden. Wir sind jetzt hier, also Flüchtlinge. Dieser Titel wird uns bis zum Tod angeklebt bleiben, auch wenn wir die Staatsangehörigkeiten der Länder, in denen wir leben, bekommen. Falls ihr in ihrer Erde tiefer als zwei Meter grabt, werdet ihr unsere Leichen, die von Indianern, Arabern, Juden, Asiaten und Afrikanern finden, der Untertanen, auf denen die Säulen ihrer hohen Gebäude ruhen. Es ist eine Fremdheit. Nein … diese Welt wurde ungenießbar, damit der Mensch harmonisch mit sich selbst und mit den anderen in ihr lebt, nach einer nur auf der Liebe, dem Zusammenleben und dem Akzeptieren beruhenden Beziehung. Es ist eine Fremdheit.

A: Wir änderten uns sehr. Die Fremdheit ändert die Person nicht nach Jahren, die sie erlebt, sondern sie ändert sie vom ersten Monat an.

C: Und das Vergessen?

D: In der Fremdheit vergessen wir nichts, ganz im Gegenteil, also wir beharren auf unseren Erinnerungen, die wir erlebten mit den Menschen, die wir liebten, damit wir sie mit uns und in unseren Herzen spüren oder damit wir fühlen können, dass wir immer noch bei ihnen sind. So fällt die Fremdheit leichter, und so wird das Fremdheitsgefühl geringer.

F: Ohne die Sehnsucht und das Feuer ihrer Greuel wäre die Fremdheit besser als eine Heimat, die uns den Tod mit allen seinen Gestalten gießt.

B: Auf jeden Fall ist die Fremdheit besser als sie. Mach deine Augen auf. Warum geht der Neunzigjährige in Europa aus, fliegt, singt, tanzt und liebt das Leben, während der Vierzigjährige im

Orient total unfähig ist, zu leben? Er legt seine Hand auf seine Wange, zerstreut in seiner lebenslangen Traurigkeit? Warum? Sie verstanden von Anfang an, dass sie geboren sind, um das Leben zu leben, während wir immer noch, unserem Wesen nach, von Geburt an, oder vielmehr ohne Grund, ohne Beweis und ohne Sinn verstehen, dass wir geboren sind, um den Tod zu leben, nur den Tod in all seinen Erscheinungen, sowohl materiell als auch seelisch.

C: Was ist die Lösung zur Befreiung von der Zugehörigkeit zu diesem Identitätskonflikt?

B: Dass ich bin. Das ist die Zugehörigkeit. Die Zugehörigkeit ist nicht, dass du östlich oder westlich bist und nicht, dass du Muslim oder Christ oder Jude bist. Die Zugehörigkeit ist, dass du ein Mensch bist, dass du du bist, also einer, der selbst bestimmt, was du bist.

A: Ich werde müde von diesem ewigen schmerzhaften Gespräch. Steht für eine Heimat auf!

B Ich werde für keine Heimat aufstehen, wenigstens in den nächsten zehn Jahren nicht, solange sie gegen uns ihren Riesenkrieg entfesselt.

C: Steht für ein Exil auf!

E: Steht für einen Verlust auf!

F: Steht für eine Sehnsucht auf!

G: Steht für Erinnerungen auf!

شارع برنس دورف, بناية 109

سكن جماعي للاجئين تابع لهيئة السّوسيال آمت المعنيّة بامور اللّاجئ قبل حصوله على الإقامة, غرفتان لأربعة أشخاص. كل شخصين في غرفة إلى أن يحصل الشّخص على الإقامة فينتقل عندها لمسؤوليّة الجوب سنتر و بعد ذلك يحقّ له الإنتقال إلى بيت خاصّ به, بل و يجب عليه ذلك.

حديث ما:

(د) طفل البيتِ المدلّل و الذي حصل على إقامة 3 سنوات في المانيا, قطع هذا النّقاش الذي أصبح مملّا لكثرة تكراره و حاول مازحا إغاظتنا « أنتم مازلتم لاجئين, أمّا أنا فقد أصبحتُ مواطنا في ألمانيا, ربّما من الدّرجة الثّانية, لكن المهم أنّني أصبحتُ مواطنا » , , فيردّ عليه (و) مغتاظا حقّا « بل من الدّرجة الثالثة, فالمرأة قبلك في الدّرجة الاولى و الحيوان أيضا قبلك في الدّرجة الثانية » .

ينظر إليه (د) مستغربا و غير مقتنع بالكلام. (و) و هو أحد اللّاجئين الذين وصلوا إيطاليا عبر

قوارب الموت, و حين جاء موعد الفحص الطبّي, أخذ المسؤولون هناك ينادون على الأطفال و النّساء أوّلا لإجراء الفحص الطبّي, ثمّ طلبوا الحيوانات في حال وُجِدَتْ, ثمّ بدؤوا ينادون على الرّجال, يتابع „ مما يؤدّي أنّ المرتبة الأولى في اوروبا من حصّة المرأة و الطّفل و المرتبة الثّانية من نصيب الحيوانات, أمّا نحن –الذّكور- فلنا الدّرجة الثّالثة, ناهيك عن كوننا لاجئين و هذا يجعلنا أقلّ مرتبة „

أُصيب (د) بالحنق و الغيظ.

و أنا لم يكن يهمّني ذلك, و لستُ مقتنعا به أساسا, ففي بلاد كهذي البلاد تتحدّد مرتبتك الإجتماعيّة بحسب حسن سلوكك و التزامك بالقوانين, كما أنّ الذي يهمّني الآن -بغضّ النّظر عن المرتبة الإجتماعيّة- هو أنّني أستطيع هنا ان اعيش و أن أتصرّف كإنسان, لي حقوق سآخذها كاملة و عليّ واجبات لابدّ أن أؤدّيها كاملة, عكس بلادنا العربيّة, التي تطالبك بأكثر من واجباتك و لا تعطيك الحدّ الادنى من حقوقك.

هل كنتُ مبالغا في هذا الأمل أو في هذه القناعة في ذلك الوقت؟؟؟

هذا ما سوف يحمله كتاب ما, قريبا ربّما, و سوف يكون عن كيمنتس و عنّي.

Bernsdorfer Straße 109

Eine WG vom Sozialamt für die Flüchtlinge. Zwei Zimmer für vier Personen. Zwei Personen in einem Zimmer, bis die Person, den Aufenthaltstitel bekommt und in die Verantwortung des Jobcenters kommt, dann in einer eigenen Wohnung wohnen darf und muss.

Irgendein Gespräch:

D., also das verwöhnte Kind der Wohnung, das vor kurzem einen Aufenthaltstitel für drei Jahre bekam, unterbrach jene Diskussion, die langweilig wurde wegen der Häufigkeit der Wiederholungen und versuchte im Spaß, uns zu ärgern: Ihr seid immer noch Flüchtlinge. Ich wurde ein Bürger in Deutschland. Vielleicht ein zweitklassiger Bürger, aber egal. Das Wichtigste ist, dass ich ein Bürger wurde.

Sehr verärgert antwortete ihm W.: Vielmehr drittklassig, weil die Frau vor dir erstklassig und das Tier auch noch vor dir zweitklassig ist.

D. schaute ihn erstaunt an und davon nicht überzeugt, dann sprach W. weiter – W. ist einer der Flüchtlinge, die nach Italien mit den Booten des Todes kamen: Und als die Zeit der Gesundheitsuntersuchung kam, riefen die Verantwortlichen dort zuerst die Frauen und die Kinder auf, danach die Tiere, falls es welche gab, und danach die Männer, so dass die erste Klasse in Europa für die Frauen und die Kinder ist und die zweite Klasse für die Tiere und wir, also die Männer, haben die dritte Klasse, außerdem sind wir Flüchtlinge und das gibt uns noch weniger Stellenwert.

(D) wurde wütend und zornig.

Das war mir jedoch egal. Ich war davon sowieso nicht überzeugt. In Ländern wie diesen Ländern wird dein gesellschaftlicher Stellenwert gemäß deiner guten Führung und deinem Einhalten der Gesetze gemessen. Was mir, abgesehen vom gesellschaftlichen Stellenwert, auch wichtig ist, ist, dass ich hier als Mensch lebe und handle, dass ich Rechte habe, die mir uneingeschränkt zustehen, und dass ich Pflichten habe, denen ich nachkommen muss. Im Gegensatz zu unseren arabischen Ländern, die von dir mehr als deine Pflichten beanspruchen und dir das Minimum deiner Rechte nicht gewähren. War diese Hoffnung und in diese Überzeugung in jener Zeit übertrieben?

Das ist das, was irgendein Buch tragen wird. Vielleicht bald, und es wird über Chemnitz und mich sein.

في حانة صُغرى

1

جميل هو المساء هذا في هذه الحانة الصّغرى
مع امرأة وهبتْ قلبي أجنحة و منحتني السّلام مع نفسي.
„ السّلام الدّاخليّ لا يأتي إلا من امرأة ،،

كنتُ يوما هناك أبكي تحت وجع جراحي المتقرّحة.
كنتُ أحاول من دمي إشعال بصيص نور
لكنّهم أخمدوا قلبي و اغتصبوا فمي و ألقوا بي على طريق المشرحة
فريسة للضّياع و للضّباع و للسّنين و للحنين.
كنتُ هناك حيث طائرات الحرب سرقت سماء وطني من الاطفال و الطيور
و الدّبابات حرثت جسد شعبي حتّى أينعت فيه القبور
و العالم كلّه هناك كان صامتا في مهبّ دمي, مستمتعا في مشاهدة هذي المذبحة.

2

الحزن السّوريّ أعمق مما يستطيع هذا العالم أن يحسّه,
منذ أن صارت الحياة هناك مثل موت.

قدم طفل صغير تطلّ من تحت أنقاض البيوت.

في القدم هناك حذاء أكلتْ نار القذائف نصفه.

هذا النّصف الذي لم تأكله النار حتى الآن أكثر إنسانيّة منّا جميعا.

لم يبقَ زمان للمكان.

لم تبقَ هناك ثورة كي تنتزع لي حرّيتي بعد أن سرق القاتلون كلّ شيء.

لا شيء هناك منذ الآن غير خطة التّهجير في سوق تجارة الأديان.

لا شيء هناك منذ الآن سوى القلق

تحت القسوة في قلوب مهرّبي الإنسان

و الغرق.

آه لو انّ البحر يحفظ أسماء الذين قد ضاعوا به,

لأُصيب بالجنون من فرط صدمته بنفسه.

آه لو يمتلك هذا العالم بعض الحياء

لألغى جوازات السّفر,

لألغى الأجناس و الأديان و الأسماء

و اكتفى بفطرة الحبّ في قلوب البشر,

لكنّها الحرب خدعة

و الطمع لابدّ أنّه السّمسار.

اللّاجئون أصبحوا سلعة

و الحكومات أصبحت تجّار.

تنطفئ على الطريق في عيوننا شمعة

و التّلفاز يعرض الأخبار.

يذرفون على مأساتنا دمعة

ثمّ يرفعون في وجوهنا الأسوار.

آه كم من دمائنا لابدّ أن ندفع حتّى يرتوي الطّغيان؟

آسف يا أطفال موطني الحزين,

لستم أوروبيين

ليحزن العالم عندما تموتون كلّ يوم تحت وطأة المأساة و الحرمان.

3

امرأة هي الموسيقا هذه اللّيلة,

تستطيع تدفئتي في هذا العالم البارد المدجّج بالسّلاح.

و أنتِ موسيقا هذه اللّيلة.

لقد نسيت فيكِ قليلا غربتي, فغنّي, فبالغناء نخلق في السماء لنا بدورا

لا قبورا, مثلما يفعل القاتل السّفاح.

هل تعلمين ما الذي يعنيه أن يستطيع الحبّ مَنْفيٌّ؟

أنا من خلال كفّكِ التي قبّلتها

أستطيع الآن احتواء مواجع النّاس -كلّ النّاس- في قلبي

و أستطيع الحبّ من جديد رغم كلّ الذي يحويه من الجراح.

لا ... لا تتركيني بلا دفئك. هذا العالم بارد حين أكون دون امرأة وحيدا.

أنا من خلالكِ فقط سوف أستطيع الإستمرار في الكفاح.

عانقي هذا الغريب -أنا- بقوّة.

أحبّها تلك الرائحة, أحبّها يا أنتِ, يا وطن دمعي هذه اللّيلة.

للحظة عندما عانقتني, شعرتُ أنّ لي من جديد موطنا.

ظلّي هنا لأستطيع الهروب من موتي

و لأستطيع امتلاك أمل بأنه لابدّ أن يأتي صباح.

4

خياران الآن أمام اسمي „ ثائر ‟ لديّ:

إمّا أن أبيع للخوف معناه و أصبح كالآخرين عبدا للأبد

أو أن أعيشه بكلّ ما فيّ من حبّ الحياة, ثائرا ضد كلّ شيء,

فأموت حرّا حينما يجيء الموت.

أنا أعدمتُ الإعدام و انتصرتُ على الجرائم.

أنا سوريّة التي و منذ اليوم لن ترضى الطّغاة.

أنا الدمّ الذي مازال ينزف رفضا للهزائم.

أنا لستُ مهزوما طالما أنني سأستطيع الإستمرار في النّزيف.

بلا أسود و لا أبيض. الرّماديّ قد خرّب كلّ ألواني

ماضيّ وطن كأنّه المنفى و حاضري منفى

و المستقبل موت موحش, ربّما بلا حتى صديق يمشي خلف جثماني.

آه ... لا بأس منذ الآن.

من كلّ هذا العالم زاوية صغيرة سوف تكفيني في حانة صغرى

مع امرأة تدفّنني لأملأ العالم كلّه

بالمحبّة

و السلام

و بالأماني

و الاغاني.

In einer kleinen Kneipe

1

Schön ist dieser Abend hier in dieser schönen Kneipe mit einer
Frau, die meinem Herzen Flügel verlieh
und mir den Frieden mit mir selbst gab.
»Der innerliche Frieden kommt von nichts,
außer von einer Frau.«

Irgendwann war ich dort und weinte
unter dem Schmerz meiner entzündeten Wunden.
Ich versuchte, aus meinem Blut einen Lichtschimmer anzuzünden
aber sie löschten mein Herz und vergewaltigten meinen Mund
und warfen mich auf den Weg des Leichenschauhauses;
eine Beute für den Verlust, die Hyäne, die Jahre und die Sehnsucht.
Ich war dort, wo die Kampfflugzeuge den Himmel meiner Heimat
von den Kindern und den Vögeln stahlen
und wo die Panzer den Körper meines Volks pflügten,
bis die Gräber in ihm blühten,
und die ganze Welt war dort still im Ursprung meines Blutes,
genießend, dieses Massaker anzuschauen.

2

Die syrische Traurigkeit ist tiefer als alles,
was diese Welt fühlen kann,
seitdem das Leben dort wie ein Tod wurde.

Der Fuß eines kleinen Kindes blickt aus den Trümmern der Häuser.
Am Fuß ein Schuh,
dessen Hälfte das Feuer der Geschosse fraß.

Die Hälfte, die das Feuer bis jetzt nicht fraß,
ist menschlicher als wir alle.

Keine Zeit blieb für den Ort übrig.
Es blieb keine Revolution dort,
um die Freiheit für mich zu ergreifen,
nachdem die Mörder alles stahlen.

Es gibt ab jetzt dort nichts außer dem Plan
der Vertreibung im Markt des Religionenhandels.
Es gibt ab jetzt dort nichts außer unserer Sorge,
unter der Härte in den Herzen der Menschenhändler.
Oh, wenn dieses Meer die Namen derer,
die sich in ihm verloren, auswendig lernte, würde es verrückt,
im Übermaß des Schreckens vor sich selbst.
Oh, wenn diese Welt etwas Scham hat,
schafft sie die Reisepässe ab
und schafft sie die Rassen, die Religionen und die Namen ab
und begnügt sich mit dem Instinkt der Liebe
in den Herzen der Menschen,
aber der Krieg ist ein Trick,
und die Gier ist bestimmt der Makler.
Die Flüchtlinge wurden zur Ware
und die Regierungen wurden Händler.
Auf dem Weg geht eine Kerze in unseren Augen aus,
und der Fernseher präsentiert die Nachrichten.
Sie vergießen für unsere Tragödie eine Träne
und erhöhen dann die Mauer vor unseren Gesichtern.

Oh, wie viel Blut müssen wir zahlen,
bis die Tyrannei satt wird?
O Kinder meiner Heimat, es tut mir leid.
Ihr seid keine Europäer, denn sonst würde die Welt trauern,
wenn ihr jeden Tag unter der Last der Tragödie
und der Entbehrung sterbt.

3
Eine Frau ist die Musik in dieser Nacht, die mich
in dieser Kälte und dieser waffenvollen Welt erwärmen kann,
und du bist die Musik dieser Nacht.
In dir vergaß ich ein bisschen meine Fremdheit,
dann sing … sing ein bisschen,
weil wir uns mit Gesang im Himmel Monde erschaffen
und nicht Gräber, wie es der blutdürstige Mörder macht.

Weißt du, was es bedeutet, dass ein Verbannter die Liebe kann?
Durch deine Hand, die ich küsste, kann ich jetzt
die Schmerzen der Menschen – aller Menschen –
in meinem Herzen haben
und kann lieben trotz aller Wunden, die es hat.
Lass nicht meine Hände ohne deine Wärme.
Diese Welt ist kalt, wenn ich einsam, ohne Frau bin.
Nur durch dich kann ich weiterkämpfen.
Umarme diesen Fremden, also mich, mit Nachdruck.
Ich liebe diesen Duft, ich liebe ihn, o du,
die Heimat meiner Tränen in dieser Nacht.
In einem Moment, als du mich umarmtest,
fühlte ich, dass ich wieder eine Heimat habe.
Bleib hier, damit ich von meinem Tod fliehen kann
und damit ich Hoffnung darauf haben kann,
dass ein Morgen kommen muss.

4

Zwei Möglichkeiten sind jetzt vor meinem Namen:
Entweder ich verkaufe der Angst seine Bedeutung
und werde dann für immer ein Sklave wie die anderen
oder ich lebe ihn mit allem,
was es in mir an Liebe für das Leben gibt,
als ein Rebell gegen alles, dann sterbe ich frei, wenn der Tod
kommt.

Ich richtete die Hinrichtung hin und siegte über die Verbrechen.

Ich bin Syrien, das ab jetzt die Tyrannen nicht mehr hinnehmen
wird.
Ich bin das Blut, das noch immer als Ablehnung der Niederlage
fließt.
Ich bin nicht besiegt, solange ich weiterbluten kann.

Ohne Schwarz und ohne Weiß …
Das Grau befleckte alle meine Farben.
Meine Vergangenheit ist eine Heimat, die wie ein Exil ist,

und meine Gegenwart ist ein Exil,
und meine Zukunft ist ein einsamer Tod,
vielleicht mit gar keinem Freund, der hinter meiner Leiche geht.
Oh, ab jetzt ist es nicht so schlimm.
Auf dieser ganzen Welt ist eine kleine Ecke
in einer kleinen Kneipe,
mit einer Frau, die mich erwärmt, mir genug,
damit ich die Welt mit Liebe, Frieden, Wünschen
und Liedern erfülle.

ألم

لم يبق أحد هناك
لكي يكتب شعرا في وصف الأنقاض
و في وصف جمال الذين قضوا تحت الأنقاض.
كانوا قد قتلوا بلا سبب سوى أنّهم
كانوا هنا منذ الأزل.

أبواب دمّرتها القذائف
و بيوت بلا أبواب
أصبحت مكشوفة أمام هجوم النّسيان.
لا كفّ امرأة يطلّ من تحت الرّكام
لأضع فوقه قلبي
و لا حمام
ليبني عشّه فوق الحطام,
لا زهرة,
لا فكرة
و لا ثورة.

أنا لستُ ممثّلا في هذه المأساة,
إنّما أنا المأساة بحدّ ذاتها
و قصيدتي هذي نصفها الملهاويّ الساخر.
أنا لست شاعر
إنّما مهاجر
من خيبة إلى خيبة
و من غربة إلى غربة
و كما أصيبت المباني بالدّمار بعد هذا القصف,

أصيبت العيون بالقدرة على رؤية القبح فقط في هذا العالم.

أين عيناي؟ و لماذا لم أعد أرى جمال الأشياء؟

هل أصبح حقًا كلّ شيء سواء؟

لم أعد أسمع أيّ صوت

سوى صوت موت

يريد افتراس ما بقي فيّ من اليقين

أو صوت صمت

يجرّدني من كلّ شيء

ليلبسني ثياب اللّجوء و شفقة الآخرين.

أنا من كثرة ما مات من أحبّتي

فقدتُ قدرتي

على الدّهشة و الحداد و البكاء.

أيّها الأحبّة,

كفاكم وداعا للحياة.

أقلعوا عن الموت أرجوكم.

أخاف أن يجيء يوم

أصير فيه مختصًا فقط في قصائد الرّثاء.

خمس و أربعون دقيقة احتجتها لأصل إلى منزلي الذي

ليس يبعد عن الحانة إلا عشر دقائق مشيا على الأقدام.

سقطتُّ عدّة مرّات على الطّريق,

فلم يكن هناك جدران لأستند عليها.

كلّ شيء حطام,

تفوح منه رائحة أحلام مشويّة.

من أكلها يا ترى؟

عيوني لم تكن ترى أمامها

سوى خذلان كلّ شيء لي,

إنّما كنتُ كالحيوان الذي يستدلّ على طريقه بالرّائحة.

و احتجت ثلاث دقائق

حتى استطعتُ إدخال المفتاح في قفل باب البناية

و احتجتُ دقيقتين

حتى استطعتُ إدخال المفتاح في قفل باب البيت.

لا لست سكرانا كما ظننتم.

أنا لم أشرب في هذه اللّيلة

إلا زجاجتين من البيرة

و بعض الذّكرى و كأسا من حنين.

141

لا ... لم أكن سكرانا,
لكنّ كثيرا من الحزن كان في القلب.
أنتم لا تعرفونني.
أنا لستُ لاجئا فقط,
إنّما أنا الذي نجوتُ من مجزرة,
مات فيها الكثير من أصدقائي
و أقرباني.
و قد نجوتُ
لا لأكتب الشّعر في وصف هذي الجريمة
و لا لأصف ذكرياتي القديمة
و لا لأصف شيئا له قيمة
بل لأصف
كيف هذا العالم كلّه
أمام دمي
يشعر بالتّفاهة و الهزيمة.

Schmerz

Niemand blieb da übrig, um Gedichte zu schreiben,
die die Trümmer beschreiben
und die die Schönheit der Träume derer,
die unter den Trümmern starben, beschreiben.
Sie wurden ohne Grund getötet, außer dem,
dass sie seit Ewigkeiten da waren.

Die Geschosse zerstörten Türen, und Häuser ohne Türen
öffneten sich für den Angriff des Vergessens.
Keine Hand einer Frau blickt unter dem Berg hervor,
auf die ich mein Herz lege,
und keine Tauben, die ihr Nest auf dem Schutt bauen,
keine Blume, keine Idee und keine Revolution.

Ich bin kein Schauspieler in dieser Tragödie,
sondern ich bin die Tragödie an sich
und dieses, mein Gedicht ist
ihre komödiantische und sarkastische Hälfte.
Ich bin kein Dichter, sondern ich bin ein Migrant

von einem Fehlschlag zu einem anderen Fehlschlag
und von einer Fremdheit zu einer anderen Fremdheit,
und wie die Gebäude von der Zerstörung
durch diese Bombardierung getroffen sind,
sind die Augen von der Fähigkeit getroffen,
nur die Hässlichkeit in dieser Welt zu sehen.
Wo sind meine Augen?
Und warum sehe ich die Schönheit der Dinge nicht?
Wurde wirklich alles egal?

Ich höre keine Stimme mehr außer der Stimme eines Todes,
der das fressen will, was in mir an Gewissheit übrigblieb,
oder der Stimme einer Stille, die mich von allem abstrahiert,
um mich in der Kleidung des Ayls
und des Mitleids der anderen zu kleiden.
Wegen der Menge des Todes meiner Geliebten
verlor ich meine Fähigkeit, zu staunen, zu trauern und zu weinen.
Ihr, Geliebten, hört mit dem Abschied vom Leben auf.
Hört bitte mit dem Tod auf.
Ich habe Angst davor, dass ein Tag kommt,
an dem ich zuständig werde, nur die Trauergedichte zu schreiben.

Fünfundvierzig Minuten brauchte ich, um nach Hause zu kommen,
das nicht mehr als zehn Minuten zu Fuß
weit weg von der Kneipe steht.
Ich fiel mehrmals unterwegs.
Es gab keine Wände, an die ich mich anlehnte.
Alles ist Schutt, der nach gegrillten Träumen duftet. Wer aß sie?
Meine Augen sehen nichts vor sich,
außer der Enttäuschung von allem über mich.
Ich war aber wie das Tier, das seinen Weg durch den Geruch findet.
Ich brauchte drei Minuten, um den Schlüssel
ins Schloss der Tür des Hauses stecken zu können,
und ich brauchte zwei Minuten,
um den Schlüssel ins Schloss der Tür der Wohnung
stecken zu können.

Nein … ich war nicht betrunken, wie ihr dachtet.
Ich trank in dieser Nacht nicht mehr als zwei Bierflaschen
und etwas Erinnerung und ein Sehnsuchtglas.
Ich war doch nicht betrunken,
aber viel Traurigkeit war im Herzen.
Ihr kennt mich nicht.
Ich bin nicht nur ein Flüchtling,
sondern ich bin auch der,
der vor einem Massaker gerettet wurde,
in dem viele von meinen Angehörigen
und meinen Freunden starben.
Ich bin gerettet,
nicht, damit ich dieses Verbrechen mit Gedichten beschreibe
und nicht, damit ich meine alten Erinnerungen beschreibe
und nicht, damit ich etwas Wertvolles beschreibe,
sondern damit ich beschreibe,
wie die Welt, vor meinem Blut,
die Wertlosigkeit und die Niederlage fühlt.

اللاجئ

أمّا أنا فلم أهاجر موطني لكنّما هجرته كما يهجر عاشق عشيقته التي خانت
و كنتُ قد قلتُ لمنتقديّ يوم قرّرتُ الرّحيل:
الوطن لم يكن يوما هنا حيثما الأحمر لا يكون غير لون الدمّ.
الوطن في مكان آخر حيثما الأحمر يستطيع أن يكون لون الحبّ
و يستطيع الإمتزاج بالأزرق,
لتشكيل وردة حبّي المطلق.
الوطن في مكان ما بعيد عن عيون الموت.
الوطن حيث الإنسان يحيا الحياة كاملة دون أن يسابق الزّمن
راكضا خلف الرّغيف و دون أن يتوسّل السّماء كي تعطيه موتا عادلا,
طبيعيًا على الفراش, لا عبثا في مهبّ حرب أصبحت بلا معنى و لا جدوى.
الوطن هناك حيث لا ظلم, لا قهر, لا طغيان.
الوطن حيث لا يقتلون الإنسانيّة كلّها بقتلهم للحلم في الإنسان.
كنتُ قد حزمتُ حقائب الذّكرى حاملا على ظهري الحنين,
كحامل كيسا من الإسمنت تحت أمطار غزيرة فأصبح الوزن أضعافا مضاعفةً.
كان ذلك النّهار مثل آلام فيرتر و كان ذاك اللّيل رواية بعدُ لم تُكتَب.

144

لم أودّع سوى ندماء آخر الأقداح

و امرأةٍ, فالغياب يمتلك الزّمام الآن,

كي يلقي بي إلى المنفى وحدي برفقة الحزن مهزوما غريبا.

كان الطّريق يعجّ بالحواجز و العساكر.

جنود مع كثير من الرّايات و الأعلام يطاردون اسمي.

و كانتْ معي أمّي

طوال الدّرب تبكي و تدعوا ربّها لكي أنجو

من عداوة الأطراف في سبيل إثبات الذّات و القوّة

و كي انجو كذلك من تحالفهم جميعا ضدّ حبّي للحياة.

و نجوتُ صدفة, كيف لا أدري

إنّما وجدتُ نفسي في مكان آخر, لا شيء فيه يعرف من أنا.

كلّ شيء فيه يجرّد الهنا من الهناك بي و يجرّد الهناك من الهنا.

كانت استانبول امرأة جميلة و كنتُ شاعرا متخصّصا في وصف زهر الياسمين,

لكنّ الياسمين خان عبيره و لم يشرب نبيذي إنّما فاح مرتشفا نبيذ الآخرين.

قال المهرّب لي: لا تخف أيّها اللّاجئ.

كلّما ازدادت الاموال زاد احتمال وصولنا الآمن و السريع للشاطئ.

و كان البحر يتلو على مسامعنا وصايا الذين قد غرقوا

و كانت بقايا من الأحلام لا تزال طافية على سطح المياه و الذّكرى.

أيّها البحر أين برّك؟ نريد أن نحيا الحياة, قالت امرأة

و أردفتْ أخرى: إلهي إلهي, لا تتخلَّ عنّي من جديد.

كان المصوّرون عند وصولنا أكثر ممن تطوّعوا و جاؤوا

كي يساعدوا المسعفين و الشّرطة.

و كانت محض لقطة

أغلى من الآلاف منّا.

كانت أثينا كذلك امرأة جميلة, سقتني من الكونياكِ ما يكفي لكي تراودني على نفسي,

فانكسرتُ على ذراعيها و ارتحلتُ موغلا في انكساراتي و يأسي,

على القدمين ترميني البلاد لبعضها

و تحت ما تعذّبنا به السّماء من مطر غزير

بين أنياب جوع يصقل المعاناة حتّى تصير موهبة.

كانت أوجه الاطفال شاحبة و ابتسامات الصّبايا في الطّريق شمس غاربة

و الرّجال منكسرين مثل أغصان بعد عاصفة قويّة.

و كان شيخ فقد كلّ أولاده و زوجته غارقا في الشّرود و في البكاء

و في ليلة من ليالي البرد استفاق على الحنين يصرخ: أيّها الموت اللّعين,

ألا تفكّر ماذا تحسّ الأمّ التي ستسرق ابنها منها؟ ألا تفكّر بالأخوات و الأخوة؟

ألا تفكّر بالجيران و الأصحاب؟

ألا تفكر كم من عاشق سوف يغتاله أم الفراق بسبب شهوتك اللّعينة للدماء؟

ألا تفكّر بالأب الذي سينكسر ظهره حين يموت أحد أبنائه؟

فكيف بالأب الذي ماتت أمام عينيه زوجته و سلب القصف منه كلّ ما لديه من أبناء؟

في الصّباح أردتُ إيقاظه لنشرب القهوة مثل عادتنا كل يوم, فوجدته ميتا.

كان مشهد موته كانكسار ضلع من الأضلاع من صدري.

هكذا.. هكذا صار الملايين من أهل سوريّة,

بلا صديق سوى الطريق نحو حلم أو نحو وهم.

فليكن.

فلتقتسم جرحي المدن.

في بداية الأمر قد رفضوا و لم يسمحوا لقلبي بالعبور.

كانت الحدود مثلما بحر أمامي و كلّ شيء في الوراء كان امتدادا للقبور.

صورتي كانت بالإنكسار مبلّلة

في كاميرا لم يرَ مصوّرها من هزائمي سوى سبقه الصّحفيّ

و كان العالم كلّه جمهور

في مسرح يعرض هذه المأساة ملهاةً و مهزلة

في القرن الواحد و العشرين, و لكنّي عبرت

و في كلّ البلاد التي مررت بها

و على جميع النّقاط الحدوديّة التي كانت على دربي

لم ينتبه أحد في بطاقتي إلى إسمي

لم يلمسوا قلبي

لم يفهموا همّي

لم يلتفت أحد

سوى إلى صفتي التي صارت وجوديّة

بلا بلد

و بلا وطن.

في كلّ الكراجات التي شهدت نزيفي و في كلّ المرافئ

و في كلّ المطارات أيضا لم يروا سوى أنني لاجئ.

مازلتُ أحيا إذن!

و مازلتُ رغم تراكم الجروح في قلبي أقاتل.

أقاتل هذه الدنيا البلاشعور و لا مبادئ.

يدعوني الصّديق إلى الغداء لكي يقول للأصدقاء أنّه استضاف صديقه اللّاجئ

و تحبّني امرأة ثم تهرب من جنون حبّها و تدمّر شهوة قلبها

لأنّها جبانة أمام حقيقة أنّها وقعتْ في هوى اللّاجئ.

أقاتل الأنظمة السياسيّة كلّها و المذلّة

في خطابات الحكومات التي تحت طاولة السياسة ساهمت بتهجيري

146

و باقتلاعي من جذوري.

أقاتل الإرهاب.

أقاتل الجهل و الغباء بكلّ ما يفضي إليه من عنصريّة و حكم مسبق و تعميمٍ.

أقاتل داخلي رفضا لأي انتماء و انتساب

و حريّة للروح من صراعات الهويّة.

أقاتل الذكريات أيضا و الحنين, أقاتل السنين,

أقاتل رافضا دور الضّحيّة في فصول هذه المأساة.

وحدي أقاتل كل أنواع الطّغاة

و لديهم كلّ أنواع الجيوش و كلّ أنواع السلاح

و ليس عندي سوى الكلمات

و مافي القلب من الجراح.

وحدي أقاتلهم لكي تتحرّر الحياة من قباحتها.

وحدي أقاتلهم و ليس عندي كي أقاتلهم سوى صوتٍ

و سوف أستمرّ في الصّراخ حدّ انكسار حاجز الصّمتِ,

فالصّراخ بندقيّة المجانين في صراعهم مع الموتِ.

مازلتُ أصرخ: يا غدي احذر أن تكون مثلما كان أمسي

و يا حاضري كن كما أريدكَ أن تكون.

لا ... لستُ من أؤلئك الذين يتركون أرض المعركة.

أنا هناك أو هنا باق أقاتل الطّغيان بالجنون حدّ التّهلكة

و أبني مملكة

للإنسان بالإنسان.

كلّ هذا الكون لي كإنسان.

أنا لستُ لاجئا إلّا لأنّ كلّ حكومة أنقذت جسدي من الذوبان في مياه البحر و ملحه

لم تفتح ذراعيها لتحضنني إنّما فتحت لي جميع حدودها لتمتلك فرصة,

فتسرق كلّ تاريخي و تقتل فرحة حاضري

و تصيغ لي مستقبلي كما شاءت مصالحها السّياسيّة.

أنا لستُ لاجئا إلّا لأن غالبية الذين يساعدونني يريدونني لاجئا حقّا,

ليمتلكوا في المساء شجاعة النّظر في المرآة نحو وجوههم,

فيبتسمون بعد ذلك قائلين: نحن أشخاص جيّدون لأنّنا نساعد اللّاجئين,

ثمّ ينامون دون أمّا شعور ذنب أو أي تأنيب للضّمير

و نبقى نحن في كلّ حال ضائعين في متاهات هذا المصير.

فلتنعتوني بما شئتم من الأوصاف و الأسماء.

لا ... لا فرق عندي طالما أنّني سموتُ فوق كلّ وصف.

أنا لستُ ما انتظرتموه منّي أو الذي مازلتم في انتظاره.

أنا فضيحة ما فيكم من زيْف.

أنا صورة لعالمٍ لم يبقَ الكثير على انهياره.

أنا اللاجئ الملعون.

هل تعرفون معنى هذه الكلمة؟

أنا لستُ شحّاذا و لا متخلّفا كما تريد عيونكم أن تشاهدني,

لتستطيع إرضاء نرجسها و نزعة التّفوق البعيد عن عين الحقيقة.

أنا اللاجئ.

أنا الذي هزمتُ الحرب مع كلّ ما فيها من الموت الذي يمتلك آلاف الصّور

و افتتحتُ الصّراع مع الطّريق بدمعتي و هزمته مع كلّ ما يحويه من موت

و عرّيتُ شعوركم من زيفه

و كشفتُ زور ادّعاءات الحضارة و الثّقافة حين هزمتُ نظرتكم إلى إسمي كلاجئ.

مازلتُ أحمل الجرح الذي سيعيش كي امضي

مترعا بالكبرياء و في فمي رفضي

لكلّ شيْ

و حين توقظني برودة الغربة

على الخيبة

أصير وطنا لكلّ مشرّد وحزين

و أصير ضوء

في ليالي العاشقين

و أصير دفء.

أنا أبكي و أعرف أنّ الدّمع يعمّق المأساة

و يجلب الشُّمّات,

لكنّني أبكي و أشتم دونما خجل

و دونما أمل.

قلتُ لامرأة: أنا أكتب الأحزان كي لا أقتل البشريّة كلّها أو كي لا انتحر,

فعانقتني و مضت إلى مرآتها كالآخرين كي تتأكّد أن فؤادها خال من أيّ ذنب.

أنا هكذا حقًّا,

و في المساء حين أتابع نشرة الأخبار,

أرتشف كأسا و أرى دمي يعبر البلدان تاركا في كلّ شبر نقطة لها يد,

لم يترك الخذلان من أصابعها غير إصبع الإتّهام

و أرى عصافيرا تستمرّ في تغريدها رغم تكاثف الموت على البشر

و على الحجر

و رغم تفاهة القوميّات و رغم سذاجة الأديان

و رغم دجل السّياسة و السّياسيّين و رغم رأس المال و الطّغيان

و رغم مافي القلب من انكسار.

بلى ... بلى

أيها الحزانى الحقيقيّون مازال وقت هناك لكي نحبّ و نقرأ الأشعار.
الوطن ليس هناك أيضا و نحن لم نعد نحتاجه طالما
أنّنا لن نعلن استسلامنا,
سواء كان مشروطا أو غير مشروط لن نعلنه.
مازال هناك فسحة للإنتصار.
مازال هناك وقت لنفهم أننا أحياء
حتّى و لو غرباء
في مهبّ الإنتظار.

Der Flüchtling

Ich emigrierte aus meiner Heimat nicht,
sondern ich verließ sie, wie ein Liebender seine Geliebte,
die ihn verriet, verlässt.
An dem Tag, an dem ich den Weggang entschied,
sagte ich meinen Kritikern:
Die Heimat war nie hier,
wo das Rot die Farbe des Nichts, sonst nur des Blutes, ist.
Die Heimat ist woanders, wo das Rot die Farbe der Liebe sein kann
und sich mit dem Blau mischen kann,
um die Blume meiner absoluten Liebe zu gestalten.
Die Heimat ist an irgendeinem Ort,
der weit weg von den Augen des Todes ist.
Die Heimat ist, wo der Mensch sein ganzes Leben lebt,
ohne mit der Zeit, rennend hinter dem Brot, zu rivalisieren
und ohne den Himmel zu bitten,
dass er ihm einen gerechten Tod verleiht,
also normal, im Bett, und nicht sinnlos, in einem Krieg,
der ohne Bedeutung und ohne Nutzen wurde.
Die Heimat ist dort,
wo es keine Ungerechtigkeit, keinen Zwang und keine Tyrannei gibt
und wo sie nicht die ganze Menschlichkeit töten,
wenn sie den Traum in dem Menschen töten.
Ich packte die Koffer der Erinnerungen,
trug die Sehnsucht auf meinem Rücken, wie der,
der einen Zementbeutel unter einem starken Regen trägt,

dann wurde das Gewicht doppelt.

Jener Tag war wie die Leiden des jungen Werther,
und jene Nachtzeit war ein Roman, der noch nicht geschrieben ist.

Ich verabschiedete niemanden bis auf
die Mittrinker meines letzten Glases
und eine Frau, dann hielt
die Abwesenheit die Zügel jetzt, um mich ins Exil,
einsam, in Begleitung der Traurigkeit, besiegt und fremd,
zu schicken.

Der Weg war voller Kontrollpunkte und voller Soldaten,
die meinen Namen mit vielen Fahnen und Flaggen verfolgten.

Meine Mutter war dabei und weinte den ganzen Weg
und betete zu ihrem Gott,
dass ich der Feindschaft aller Parteien
in ihrem Kampf um Selbstbestätigung und Macht entginge,
und damit ich auch ihrem Bündnis
gegen meine Liebe zu dem Leben entginge.

Ich entging zufällig. Wie? Das weiß ich nicht,
aber ich fand mich an einem anderen Ort,
an dem niemand weiß, wer ich bin,
und an dem alles das Hier von dem Dort in mir
und das Dort von dem Hier voneinander trennt.

Istanbul war eine schöne Frau und ich war ein Dichter,
der zuständig für die Beschreibung der Jasminblüten war,
aber der Jasmin verriet seinen Duft und trank meinen Wein nicht,
sondern er duftete, den Wein der anderen trinkend.

Der Schmuggler sagte mir, hey Flüchtling, habe keine Angst,
wann immer das Geld sich erhöht,
erhöht sich auch die Möglichkeit dafür,
dass wir sicherer und schneller am Strand ankommen.

Das Meer rezitierte uns die Testamente derer, die ertranken,
und die Reste von ein paar Träumen
schwebten noch immer umher
auf der Wasseroberfläche und der Erinnerungsoberfläche.

»O Meer, wo ist dein Strand? Wir wollen das Leben leben«,

sagte eine Frau und eine andere fügte hinzu:
»Mein Gott … mein Gott, verlass mich nicht wieder.«
Als wir ankamen, waren da mehr Fotografen als Freiwillige,
die kamen, um den Rettungshelfern und der Polizei zu helfen,
und ein Foto war teurer als Tausende von uns.
Athen war auch eine schöne Frau
und goss mir genug Kognak ein, um mich zu verlocken,
dann zerbrach ich in ihren Armen
und emigrierte, vorgedrungen in meine Niedergeschlagenheit
und meine Hoffnungslosigkeit,
zu Fuß, und die Länder warfen mich einander zu
unter starkem Regen, mit dem der Himmel uns folterte,
und in den Fängen eines Hungers,
der das Leid poliert, bis es zu einer Kunst wird.
Die Gesichter der Kinder waren blass und auf dem Weg
war das Lächeln der Frauen eine untergehende Sonne
und die Männer waren gebrochen
wie Äste nach einem starken Wind
und ein Alter, der seine Frau und alle seine Kinder verlor,
ertrank in Gedankenlosigkeit und im Weinen
und in einer Nacht der Nächte der Kälte
erwachte er wegen der Sehnsucht und schrie:
Du, verdammter Tod, denkst du nicht daran,
was die Mutter fühlt, der du ihr Kind stehlen wirst?
Denkst du nicht an die Schwestern und die Brüder?
Denkst du nicht an die Nachbarn und die Freunde?
Denkst du nicht daran, wie viel Liebende die Trennung
wegen deiner verdammten Gier nach Blut ermorden wird?
Denkst du nicht an den Vater, dessen Rückgrat gebrochen wird,
wenn eines seiner Kinder stirbt?
Wie ist es dann für den Vater, dessen Frau vor seinen Augen starb,
und dessen Kinder alle die Bombardierung raubte?
Am Morgen wollte ich ihn wecken,
damit wir Kaffee zusammen, wie jeden Tag, trinken,
dann fand ich ihn tot.

Die Szene seines Todes war
wie der Bruch einer Rippe in meiner Brust.
So ... so sind Millionen Syrer,
ohne einen Freund, bis auf den Weg
in einen Traum oder in eine Einbildung.
Lass es sein.
Lass die Städte meine Wunden teilen.
Am Anfang lehnten sie ab und ließen mein Herz nicht rein.
Die Grenzen waren wie ein Meer vor mir
und alles dahinter war Fortsetzung der Gräber.
Mein Bild war nass von der Niedergeschlagenheit
in einer Kamera, deren Fotograf
nichts von meinen Niederlagen, nur seine Sensation, sah,
und die ganze Welt war ein Publikum
in einem Theater, das diese Tragödie
als Komödie und Parodie im 21. Jahrhundert aufführte.

Ich aber ging weiter, und in allen Ländern, die ich durchquerte,
und an allen Grenzübergängen, die auf meinem Weg waren,
merkte sich niemand meinen Namen in meinem Ausweis,
berührte niemand mein Herz
und verstand niemand meine Sorge.
Niemand beachtete mich, nur mein Wesenskern,
der ein existenzieller Wesenskern wurde,
also ohne Land und ohne Heimat.
An allen Bahnhöfen, die mein Bluten erlebten
und an allen Häfen und an allen Flughäfen,
sahen sie nichts, außer dass ich ein Flüchtling bin.
Doch ich lebe immer noch und kämpfe immer noch,
trotz der Häufung der Wunden in meinem Herzen.
Ich bekämpfe diese Welt, die ohne Gefühl und ohne Grundsätze ist.
Der Freund lädt mich zum Mittagessen ein,
damit er den Freunden sagen kann,
dass er seinen Freund, den Flüchtling, eingeladen hat,
und eine Frau liebt mich

und flieht danach vor der Verrücktheit ihrer Liebe
und zerstört das Verlangen ihres Herzens,
weil sie feige vor der Wahrheit ist,
dass sie in einen Flüchtling verliebt ist.
Ich bekämpfe alle politischen Regimes
und die Demütigung in den Ansprachen der Regierungen,
die unter dem politischen Tisch mich durch Vertreibung
und in Rodung meinen Wurzeln entrissen.
Ich bekämpfe den Terrorismus.
Ich bekämfe die Unwissenheit und die Dummheit,
die in den Rassismus, die Vorurteile
und in die Verallgemeinerungen führen.
Ich bekämpfe mein Inneres, irgendeine Angehörigkeit
und irgendeinen Beitritt ablehnend,
als Freiheit der Seele vom Identitätskonflikt.
Ich bekämpfe auch die Erinnerungen und die Sehnsucht.
Ich bekämpfe die Jahre.
Ich bekämpfe die Opferrolle in den Kapiteln dieser Tragödie.
Allein bekämpfe ich alle Arten von Tyrannen,
und sie haben alle Arten von Armeen und Waffen,
und ich habe nichts außer Worten
und dem, was das Herz an Wunden hat.
Allein bekämpfe ich sie,
damit das Leben sich von seiner Hässlichkeit befreit.
Allein bekämpfe ich sie
und ich habe nichts als meine Stimme, um sie zu bekämpfen.
Ich werde bis zum Bruch der Schweigemauer weiter schreien,
dann ist das Geschrei das Gewehr der Verrückten
in ihrem Konflikt mit dem Tod.
Ich schreie immer noch: Du, mein Morgen,
hüte dich davor, dass du wie mein Gestern wirst,
und du, meine Gegenwart, sei, wie ich dich will.
Nein … ich gehöre nicht zu denen, die das Schlachtfeld verlassen.
Ich bin hier und dort und bleibe,
um die Tyrannei mit Verrücktheit bis zum Tod zu bekämpfen

und um ein Königreich
aus dem Menschen für den Menschen zu bauen.
Dieses ganze Universum ist mein, als Mensch.
Ich bin kein Flüchtling,
nur dass keine Regierung,
die meinen Körper vorm Schmelzen im Meer
und vor seinem Salz rettete,
ihre Arme öffnete, um mich zu umarmen,
sondern sie öffnete mir ihre Grenzen,
um meine Geschichte zu klauen
und die Freude meiner Gegenwart zu töten
und meine Zukunft zu gestalten,
wie ihre politischen Interessen es wollen.
Ich bin kein Flüchtling, nur dass die meisten derer,
die mir helfen, mich als echten Flüchtling wollen,
damit sie den Mut am Abend haben,
ihre Gesichter im Spiegel betrachten zu können,
dann lächeln sie und sagen: Wir sind gute Menschen,
weil wir den Flüchtlingen helfen,
dann schlafen sie ohne irgendein Schuldgefühl
und ohne irgendeinen Gewissensbiss
und wir bleiben auf jeden Fall
verloren im Labyrinth dieses Schicksales.
Beschreibt mich mit den Namen und den Wesenszügen,
wie ihr sie wollt.
Es ist mir doch egal,
solange ich mich über irgendeinen Wesenszug erhebe.
Ich bin nicht das, was ihr erwartet
oder was ihr immer noch erwartet.
Ich bin der Skandal davon, was es in euch an Falschheit gibt.
Ich bin ein Foto einer Welt, die bald zerfallen wird.
Ich bin der verdammte Flüchtling.
Kennt ihr den Sinn dieses Wortes?
Ich bin kein Bettler und nicht rückständig,
wie eure Augen mich sehen wollen,

um ihren Narzissmus und die Tendenz zur Überlegenheit,
die weit weg vom Auge der Wahrheit ist, zu befriedigen.
Ich bin der Flüchtling.
Ich bin der, der den Krieg mit dem besiegte,
was er vom Tod hatte, der viele Fotos hat
und mit meiner Träne den Konflikt mit dem Weg eröffnete
und ihn mit dem, was er vom Tod hatte, besiegte.
Ich bin der, der euer Gefühl in seiner Falschheit entblößte
und die Fälschung der Behauptungen
der Zivilisation und der Kultur aufdeckte,
als ich euren Blick auf mich als Flüchtling, besiegte.
Ich trage immer noch die Wunde, die überleben wird,
damit ich weiterlaufe, voller Stolz,
und meine Ablehnung gegenüber allem ist in meinem Mund,
wenn die Kälte der Fremdheit mich in die Enttäuschung weckt,
werde ich zur Heimat für jeden Heimatlosen und jeden Traurigen,
und ich werde zum Licht in den Nächten der Liebenden,
und ich werde zur Wärme.
Ich weine und weiß, dass die Tränen die Tragödie vertiefen
und die Schadenfreude bringen.
Ich weine aber und beschimpfe ohne Scham
und ohne Hoffnung.
Ich sagte einer Frau:
Ich schreibe die Traurigkeiten,
damit ich die ganze Menschheit nicht töte
oder damit ich mich nicht umbringe,
dann umarmte sie mich und ging in ihren Spiegel,
um sicher zu sein,
dass ihr Herz frei von irgendeiner Schuld ist.
Ich bin so echt
und wenn ich am Abend die Nachrichten anschaue,
trinke ich ein Glas und sehe,
wie mein Blut in den Ländern vorbeiläuft
und jede Handbreit einen Tropfen hinterlässt,
der eine Hand hat,

von deren Fingern die Enttäuschung nichts
bis auf den Zeigefinger ließ.
Ich sehe auch Vögel, die weiter singen,
trotz der Verdichtung des Todes
auf den Menschen und auf den Steinen
und trotz der Wertlosigkeit der Nationalismen
und trotz der Naivität der Religionen
und trotz des Betrugs der Politik und der Politiker
und trotz des Kapitals und der Tyrannei
und trotz dessen,
was es im Herzen an Niedergeschlagenheit gibt.
Doch … doch,
ihr, die echten Traurigen,
es bleibt immer noch Zeit,
dass wir lieben,
es bleibt immer noch Zeit,
dass wir die Gedichte lesen.
Die Heimat ist auch nicht dort
und wir brauchen sie nicht mehr,
solange wir unsere Kapitulation nicht verkünden;
ob sie bedingungslos ist oder nicht,
wir werden sie nicht verkünden.
Es bleibt immer noch Zeit, dass wir die Unterwerfung
zu den Bedingungen ablehnen und sie verdammen.
Es bleibt immer noch Raum für den Sieg.
Es bleibt immer noch Zeit, dass wir verstehen,
dass wir lebendig sind,
lebendig, auch wenn wir Fremde
im Warten sind.

الإرهاب و اللّاجئ

الألمانيّة الأربعينيّة التي كانت تجلس مع ابنها الصّغير
على طاولة قرب طاولتي في المطعم
كانت تراني كشيطان ربّما
أو كشيء خارج من صندوق القمامة
رغم تسريحة شَعري الجميلة و ملابسي الأنيقة
و التزامي بقواعد الإيتيكيت في تناول الطّعام.
عندما أرادت الذّهاب إلى الحمّام,
همستْ في أذن ابنها و هي تنظر نحوي.
لم أسمع و لكنّي عرفتُ.
ها هو الطّفل قد أمسك بحقيبتها اليدويّة بكلتا يديه
كي يحميها من سرقتي المفترضة,
لكنّ أحدا لم يكن معي
لكي يحمي قلبي من طعنتها الحقيقيّة.

Der Terrorismus und der Flüchtling

Die vierzigjährige Deutsche, die mit ihrem Kind
an einem Tisch neben meinem Tisch saß,
sah mich vielleicht als einen Teufel
oder als etwas, das aus der Mülltonne kam,
trotz meiner schönen Frisur, meiner schicken Klamotten
und meiner Einhaltung des Knigge beim Essen.
Als sie aufs Klo gehen wollte,
flüsterte sie etwas
ins Ohr ihres Kindes,
während sie mich anschaute.
Ich hörte nichts, aber ich wusste ja.
Da hielt das Kind ihre Handtasche
mit seinen beiden Händen,
um sie vor meinem mutmaßlichen Diebstahl
zu schützen.
Niemand war mit mir,
um mein Herz
vor ihrem wahren Stich
zu schützen.

سنين بدون سوريّة

1

في المسافة بين رصاصتين ضاع وطني.

رصاصة من اليمين جاءت و أخرى من اليسار.

هل كنّا حقيقة ثوّار؟

و يسأل صاحبي:

ماذا يعني لك الوطن الآن؟

قلتُ: ضياع مواهبي

و فقدان انتمائي للحياة و الإنسان

و موت البصيرة و البصر.

لو أنني أمتلك عصا القدر,

لأحللتُ حلمي به مكانه و لو لساعة من الزّمان.

شاعر يائس يقول: اترك الحلم نائماً فالقتلة الآن في كلّ مكان.

سألتُ: و ما الوطن إذن؟

قال: حيث الأرض تحترم إنسانها و كلّ شيء عدا ذلك منفى.

منفى؟ لم يبقَ منكَ يا وطني سوى المنفى

و كلّ هذا الكون ما عاد يكفينا.

منفيّان أنا و أنتَ في مآسينا,

أنا دونما وطن و أنتَ دونما إنسان.

الألم يُضحكنا و الأمل يُبكينا.

هذا هو الذي فينا.

2

الكره أسود مختلّ و الضّياع أبيض مبتذل.

كم أصبحت بدون الحبّ وجوهنا رماديّة!

كم من الوقت أضعناه بدون حريّة!

بدون عناق و قُبَل.

كم من الوقت أضعناه بدون أمل!

لا ... لاشيء يأتي من هناك إلّا الموت و أخبار الأموات.

هو المكان ملاكنا و شيطاننا أيضا.

آه يا وطني الحزين مثل عود مات عازفه الجميل,

تعبنا من الحنين و الذّكريات.

تعب القلب من سكّينك المغروس في ضلوعي.

تعب من تبرير وحشيّتَك.

لقد استوطنتُ الغربة من فرط ما اغتربتُ فيك.

لا ... لا تسلني عن رجوعي.

أنا رحلتُ بدون عودة.

يغريني الشَّتات.

يقول لي: إن عدتَ فقدتَ الحنين و الكآبة

و إن فقدتَ الحنين فقدتَ الكتابة

و إن فقدتَ الكتابة فقدتَ نفسَك و أصبحتَ لا شيء يُذكَر.

ها أنا وحيد في هذا العالم المقيت

و الجميع يطالبني بالصمود, لكن كيف ؟

ها أنا أُلملم موتي من زواياه لكي أبعثِه

و أبحث عن إصبع ديناميت

لكي أفجّره.

لا صوت يعلو فوق صوت المقبرة.

نمشي في هذه البلاد القبر مهلوسين بالمخابرات

و نتمنّى أن يكون لنا رأس يستطيع الدَّوران دورة كاملة لنستطيع الإلتفات

مع كلّ خطوة إلى كلّ الجهات.

أنا رحلتُ متنازلا عن جميع الأسئلة, متمسّكا بالدّعاء

" ربّ اجعلني أطرشا لكي لا أسمع الناس و هم يصفونني بالأجنبيّ و اللّاجئ "

3

تتساوى القلوب جميعها أمام فداحة الحدث.. الخبر

و الموت هو القوّة الوحيدة التي نملكها حين تهزمنا الحياة.

صاحبي انتحر

و مازالوا يعقدون المؤتمرات.

مؤتمرات تأتي الحرب إليها و لا تأتي حبيبتي ...

أين سوريّة

لأقول لها كم أحبّها و كم أكرهها؟

كانت النظرة الأخيرة على الحدود

كانكسار قلب الفراشة حين تكتشف متأخّرة,

أنّ النّار نار و ليس هناك ضوء.

قلبي فندق لكلّ غريب,

حديقة يتلاقى العشّاق الحزانى بين ورودها

و لكن يا إله السّلام لماذا كلّ هذي الحروب؟

أو يا إله الحرب متى سوف يأتي السّلام؟

هل الحياة جميلة كما تقول قصائد الغرام؟

أم أنا فقدنا القدرة على رؤية الجمال من فرط بشاعة الواقع؟

سنين بدون سوريّة, سنين بدون أمّي

و الحنين يرمّم في الفؤاد ما كان قد هدّه النّسيان و الغياب.

لا أنا هناك و لا أنا هنا.

حتى الفرح يأتيني مليئا بالعذاب,

يأتيني مثل هذا العالم كاذبا خائنا

كيف حدث هذا..

لماذا

كُتِبَ عليّ التّشرّد بين الأمم,

دون بيت أنزع عند بابه رعبي

و أنام فيه دومّا قلق من اقتحام المخابرات لقلبي

و دون تفكير بالهلاك؟

لا ... أنا لم أخن,

لكنّ الحبّ خاني هنا

مثلما خانني هناك.

Jahre ohne Syrien

1

In der Distanz zwischen zwei Kugeln
ging meine Heimat verloren.
Eine Kugel kam von der Rechten
und eine andere kam von der Linken.
Waren wir echt Rebellen?
Und mein Freund fragte:
Was bedeutet dir die Heimat jetzt?
Ich sagte: Der Verlust meiner Talente,
das Verlieren meiner Angehörigkeit
zu dem Leben und zu dem Menschen
und der Tod des Verständnisses und der Sicht.
Wenn ich den Stab der Vorsehung hätte,
hätte ich meinen Traum von ihr an ihren Platz,
wenn auch nur für eine Stunde, gestellt.

Ein hoffnungsloser Dichter sagt:
Lass den Traum schlafen,
weil die Mörder jetzt überall sind.
Ich frage: Also was bedeutet die Heimat?
Er sagt: Wo die Erde ihren Menschen respektiert
und alles andere ein Exil ist.
Ein Exil?
O meine Heimat,
es blieb nichts von dir übrig außer dem Exil.
Verbannt in unsere Tragödien sind ich und du,
also ich bin ohne Heimat und du bist ohne Menschen.
Der Schmerz bringt uns zum Lachen
und die Hoffnung bringt uns zum Weinen.
Das ist das, was in uns ist.

2
Der Hass ist schwarz und geistesgestört
und der Verlust ist weiß und kitschig.
Wie grau unsere Gesichter ohne Liebe wurden!
Wie viel Zeit wir ohne Freiheit verloren!
Ohne Umarmung und ohne Küsse!
Wie viel Zeit wir ohne Hoffnung verloren!
Nein … nichts kommt von dort,
außer dem Tod und den Todesnachrichten.

Es ist der Ort,
also unser Engel und unser Teufel auch.
Oh, meine traurige Heimat,
wie eine Laute, deren schöner Lautenist starb,
wir wurden müde von der Sehnsucht
und von den Erinnerungen.
Das Herz wurde müde von deinem Messer,
das in meine Rippen gepflanzt wurde.
Es wurde müde
von der Rechtfertigung deiner Grausamkeit.
Ich siedelte mich in der Fremdheit an aus Maßlosigkeit,

nachdem ich in dir, meine Heimat, von Ort zu Ort geflohen bin.
Frag mich nicht nach meiner Heimkehr.
Ich ging ohne Heimkehr weg.
Die Diaspora verlockt mich.
Sie sagte mir: Wenn du zurückkommst,
wirst du die Sehnsucht und die Depression verlieren
und wenn du die Sehnsucht verlierst,
verlierst du das Schreiben,
und wenn du das Schreiben verlierst,
verlierst du dich selbst und wirst zu nichts.

Da bin ich einsam in dieser nichtswürdigen Welt.
Alle fordern den Widerstand von mir,
aber wie?
Da sammle ich meinen Tod aus seinen Ecken,
um ihn zu verstreuen,
und suche nach Dynamit,
um es detonieren zu lassen.
Keine Stimme erhebt sich höher als die des Friedhofs.

Wir laufen in diesem Grab-Land,
halluzinieren den Geheimdienst,
und wünschen uns, dass wir einen Kopf hätten,
der sich komplett herumdrehte,
so dass wir uns mit jedem Schritt
in alle Richtungen wenden könnten.

Ich ging weg, die Finger von allen Fragen lassend
und das Bittgebet haltend:
»Mein Gott, mach mich taub,
damit ich die Menschen nicht höre,
wenn sie mich als Ausländer, als Flüchtling beschreiben.«

3
Alle Herzen werden gleich
vor dem Schwerwiegen
dieses Ereignisses … dieser Nachricht,

und der Tod ist die einzige Stärke,
die wir haben,
wenn das Leben uns besiegt.
Mein Freund brachte sich um,
während sie immer noch Konferenzen abhalten,
also Konferenzen, zu denen der Krieg kommt
und meine Geliebte nicht kommt.
Wo ist Syrien,
damit ich ihr sage,
wie sehr ich sie liebe und hasse?
Der letzte Blick an den Grenzen war
wie der Bruch des Nachtfalterherzens,
wenn er zu spät erkennt,
dass das Feuer das Feuer ist
und es kein Licht dort gibt.
Mein Herz ist ein Hotel für jeden Fremden.
Es ist ein Garten,
zwischen dessen Blumen
die Liebenden einander treffen,
aber du, Gott des Friedens,
warum sind alle diese Kriege?
Oder du, Gott des Kriegs,
wann wird der Frieden kommen?
Ist das Leben schön,
wie es die Liebesgedichte sagen?
Oder verloren wir die Fähigkeit,
die Schönheit
wegen der Maßlosigkeit
der Hässlichkeit der Wirklichkeit
zu sehen?
Jahre ohne Syrien,
Jahre ohne meine Mutter
und die Sehnsucht erneuert das im Herzen,
was das Vergessen und die Abwesenheit zerstörten.

Ich bin
weder dort
noch hier.
Auch die Freude
kommt zu mir traurig und voller Qual.
Sie kommt lügnerisch und verräterisch
wie diese Welt.
Wie passierte das?
Warum ist mir die Heimatlosigkeit
zwischen den Nationen vorgeschrieben,
ohne ein sicheres Haus,
an dessen Tür ich meine Furcht ablege
und in dem ich ohne Sorge davor schlafe,
dass der Geheimdienst in mein Herz einbricht,
und ohne an den Tod zu denken?
Nein …
ich verriet nicht,
aber die Liebe
verriet mich hier,
wie
sie
mich
dort
verriet.

عيد الفصح

للحزن الذي لا ينتهي
نحن ننتمي
لم تعد الآلهة تشتهي
شيئا سوى دمي

صديقة تسأل:
ماذا تحتاج من الحياة؟
قلتُ: الموت الطبيعيّ
على سرير دافء في البيت,
لا تحت أطماع الآخرين.
قالت: لكنّ الآخرين
مازالوا في خلاف و اختلاف.
قلتُ: قد اتّفقوا على موتنا
و الخلاف فقط على الطَريقة.

من واجبنا أن نخلق الأمل,
يقول شاعر.
و لكن هل تستطيع وردة أن تنمو
فوق كلّ هذا الدّمار؟
مازلنا نخلق الأمل
و مازلنا نحلم,
لكنّنا مازلنا أيضا نموت.
آه, كم من مسيح سوري
مازال معلّقا على الصّليب
في غياهب السّجن
أو في برودة المنفى,
دون أن يزعج أحدا بتضحيته!
لا ... لا قيامة.
لم يبق على نهايتنا الآخرة
سوى جرعة أخرى
من الثَقة
في إنسانيّة
هذا
العالم.

Ostern

Der Traurigkeit, die nicht endet,
gehören wir an
und die Götter begehren nichts mehr
als mein Blut.

Eine Freundin fragte:
Was brauchst du noch vom Leben?
Ich antwortete:
Den normalen Tod
im warmen Bett zu Hause
und nicht durch die Gier der anderen.
Sie sagte: Aber die anderen sind immer noch
uneins und voll Feindseligkeit!
Ich sagte: Sie kamen doch über unseren Tod überein,
und die Feindseligkeit besteht nur gegenüber der Art und Weise.

Unsere Pflicht ist das Erschaffen der Hoffnung,
sagt ein Dichter.
Aber kann eine Blume
auf dieser ganzen Zerstörung blühen?
Wir versuchen immer noch,
die Hoffnung zu erschaffen.
Wir träumen immer noch,
aber wir sterben auch immer noch.
Oh, wie viele syrische Jesusse immer noch
hängen
am Kreuz in den Tiefen des Kerkers
oder in der Kälte des Exils,
ohne jemanden mit ihrer Opferung zu stören!
Nein … es gibt keine Auferstehung
und nichts blieb zu unserem letzten Ende übrig
als eine weitere Dosis Vertrauen
in die Menschlichkeit
dieser Welt.

بلاغ شعري رقم 6

لا تهمّني ماهيّة المصير

أو كيف أحيا,

أين أحيا

و متى أحيا.

أنا ما دمتُ أكتبُ الأشعار

فإنَّني أسير.

وطني الأخير

قصائدي

و قصائدي

هي المنفى الأخير.

Poetische Mitteilung Nr. 6

Die Gestalt des Schicksals
ist mir egal
oder wie,
wo
und wann
ich lebe.
Solange ich
die Gedichte schreibe,
laufe ich.
Meine letzte Heimat
sind
meine Gedichte
und meine Gedichte
sind
mein letztes Exil.

عن اللّاجئ

في البداية وُلِدْتُ لاجئا

و أنا لاجئ الآن

و في النّهاية سوف أموت لاجئا.

لا الزّمان

يستطيع تغييري
و لا المكان
يستطيع تجميل مصيري
و أنتم جميعا تتوقَّعون منّي شيئا ما.
بعضكم يتوقَّع
أن أكون إنسانا جيّدا
لكي يهزم من خلالي
توقَّعات و رأي الآخرين
و بعضكم يتوقَّع
أن أكون إنسانا سيّئا
لكي يهزم من خلالي
توقَّعات و رأي الآخرين.
حسنا,
أنا لن أخيِّب ظنّ أيّ شخص منكم.
سأكون جيّدا
كما يريد بعضكم
و سوف أكون سيّئا
كما يريد بعضكم الآخر.
هل تعلمون لماذا؟
لأنني إنسان,
وكلّ إنسان
له جانب مظلم
و جانب مضيء
و هذا هو الذي
لن تستطيعوا فهمه أبدا,
لأنّكم لا تروني كإنسان,
إنّما ترون فيّ
ما تتوقَّعونه منّي.

Über den Flüchtling

Am Anfang wurde ich
als ein Flüchtling geboren,
und jetzt bin ich ein Flüchtling,
und am Ende werde ich
als ein Flüchtling sterben.

Die Zeit
kann mich nicht verändern
und der Ort
kann mein Schicksal nicht verschönern
und ihr alle
erwartet von mir irgendetwas.
Manche von euch erwarten,
dass ich ein guter Mensch bin,
damit sie durch mich
die Erwartungen und die Meinung
der anderen besiegen,
und manche von euch erwarten,
dass ich ein schlechter Mensch bin,
damit sie durch mich
die Erwartungen und die Meinung
der anderen besiegen.
Okay, ich werde niemanden von euch enttäuschen.
Ich werde gut sein,
wie manche von euch es wollen,
und ich werde schlecht sein,
wie manche von euch es wollen.
Wisst ihr warum?
Weil ich ein Mensch bin
und jeder Mensch
hat eine dunkle Seite
und eine helle Seite
und das ist das,
was ihr nie verstehen könnt,
weil ihr mich nicht als einen Menschen seht,
sondern ihr seht in mir das,
was ihr von mir erwartet.

سوريّون و الحياة عنوانهم

فيلم يربح جائزة في إحدى المهرجانات السينمائيّة,
مقطع فيديو يحصد آلاف اللّايكات على اليوتيوب,
صفحة على الفيسبوك ينشر الجميع فيها عبارات تمدح السّلام,
صورة تحصل على المركز الثاني أو الثالث في مسابقة عالميّة,
فالمركز الاوّل دائماً يكون من أجل صور الحيوانات,
مسرحيّة يحضرها بعض النّاس
و يصفّقون خمس دقائق كاملة في نهايتها
ثمّ يذهبون بعدها إلى حانة ما للإحتفال و الرّقص,
مقالة في جريدة ستستخدمها ربّة منزل
في مسح زجاج نافذة غرفة المعيشة,
أمسية شعريّة قد لا ترتقي للمستوى الذي يعجب النّقّاد,
فالنقاد معجبون بالبلاغة
و نحن لا نملك إلا دمنا النّازف للتّعبير عمّا نعانيه,
ورقة يستخدمها السّياسيّون في صراعهم الإنتخابي
و تستخدمها الجمعيّات الخيريّة للشّحاتة,
بند من بنود بروتوكول الأمم المتّحدة أو مجلس الأمن
يناقشونه بسرعة
ليتفرّغوا بعدها لمناقشة العلاقات الإقتصاديّة بين البلدان,
حجر في ميزان القوى ينتقل من كفّة إلى أخرى
كما يقتضي صراع المصالح السّياسيّة.
هكذا صرنا بعد أن كنّا شعبا عظيما,
بلا وطن نهيم على وجوهنا في كلّ أرجاء هذا العالم
و المنفى حوّلنا إلى فأر اختبار للجميع.
آه سوريّة ...
يا نكبة القرن الواحد و العشرين
و يا فضيحته.
الحزن مصيرنا المحتوم.
نفقد كلّ شيء, نعاني كلّ شيء
و نموت كي يحيا الآخرون في سلام.
لا أحد يقول لا, لا أحد يفعل لا.
قلبي مازال هنا و هناك ينزف
و الشّهيد يسألني معاتبا
„ لقد كنتَ قربي و تهتف مثلما كنتُ أهتف,

فلماذا لم يقتلوك مثلما قتلوني؟
هل خنتني؟
أم أن الحظ أخطأني و أصابك؟ „
لا ... لا يا رفيق أنا لم اخن.
أنا مازلتُ أمشي في الطَّريق.
أنا لم أمت وقتها إلا لكي أقف الآن
في هذا الزَّمان,
في هذا المكان,
و لكي أصارح العالم كلَّه بحقيقته.
كلّكم شركاء في الجريمة,
كلّكم مهزومون أمامنا
و لا اوراق توت تستطيع تغطية الهزيمة.
من نحن؟ نحن مرآتكم
حين تبحث عنكم ذواتكم.

لابداية الله نحن
و نحن لانهايته البعيدة في النَّجيع.
مصبّ الجداول كلِّها نحن
و نحن عنوان الجميع.

سوريّون حيثما كنّا,
في مغارب الأرض أو في المشارق,
نزرع المعنى و نمتلك الحقائق.
لنا في كلّ عاصمة بصمات حريّة.
نحن بذرة الحياة
و نحن العودة الدائمة
إلى الطبيعة الأمّ الحميميّة,
بكلّ ما فينا من الإنسانيّة
التي لم نعطِ فرصة للموت
كي يشوّهها
و لم نسمح بأن يزوّر وجهها الشَّقاء.
الدم المسفوك يقذفنا من المنفى إلى المنفى.
كلّ هذا الكون منفانا و نحن وطن هذا الكون.
نمنح القادمين إلينا إقامة أبديّة
و انتماء إلى الحقّ و الخير و الجمال
و نمنح الجنسيّة

171

حتى لمفاهيم الكرامة و الشّهامة و الكبرياء
سوريّون,
شمس توزّع ضوءها و دفئها
على الدنيا بدون أي مقابل.
لا ... لا عنوان لنا هنا
لأن الأنا
فينا ... فوق كلّ كره و حقد.
ضاقت جميع الأرض بنا
و ما ضقنا بها
بل و كلّما تزداد ضيقا,
نزداد نحن اتّساعا لها و للسماء.

Syrer … und das Leben ist ihre Anschrift

Ein Film, der einen Preis in einem Kinofestival gewinnt,
ein Video, das tausende Likes auf Youtube erntet,
eine Facebookseite, auf der
alle Sätze posten, die den Frieden loben,
ein Foto, das den zweiten oder dritten Platz
in einem weltweiten Wettbewerb bekommt,
weil der erste Platz immer für Tierfotos ist,
ein Theaterstück, das ein paar Menschen sehen,
an dessen Ende sie volle fünf Minuten klatschen
und danach in eine Kneipe gehen, um zu feiern und zu tanzen,
ein Artikel in einer Zeitung,
die eine Hausfrau benutzen wird,
das Wohnzimmerfenster zu putzen,
eine poetische Lesung,
die nicht das Niveau erreichen kann,
das die Kritiker mögen,
weil die Kritiker die Kunstrede mögen,
während wir nichts außer
unserem fließenden Blut als eine Sprache haben,
die äußert, was wir erleiden,
ein Papier, das die Politiker
in ihrem Wahlkampf benutzen

und das die Wohltätigkeitsvereine benutzen,
zu betteln,
ein Punkt im Protokoll der UN oder des Weltsicherheitsrats,
über den sie schnell diskutieren,
damit sie danach genug Zeit haben,
um über die Wirtschaftsbeziehungen
zwischen den Ländern zu diskutieren,
ein Stein, der die Waagschale im Kräfteverhältnis
wechseln lässt,
wie der Konflikt der politischen Interessen es verlangt.
So wurden wir, nachdem wir ein großes Volk waren.
Ohne Heimat streunen wir gesichtslos
in dieser ganzen Welt herum
und das Exil machte uns zum Tierversuch aller.
O Syrien,
du Katastrophe des 21. Jahrhunderts
und seine Schande.
Die Traurigkeit ist unser zwangsläufiges Schicksal.
Wir verlieren alles, wir erleiden alles
und wir sterben,
damit die anderen in Frieden leben.
Niemand sagt Nein, niemand macht Nein,
und mein Herz blutet immer noch hier und dort,
und der Märtyrer fragt mich tadelnd:
»Du warst neben mir und feuertest an,
was ich anfeuerte,
aber warum töten sie mich und dich nicht?
Verrietest du mich,
oder verfehlte mich das Glück und traf dich?«
Nein … du Genosse, nein,
ich verriet nicht.
Ich laufe immer noch auf dem Weg.
Ich starb damals nicht, damit ich jetzt,
an diesem Ort und in dieser Zeit, stehe
und dieser ganzen Welt ihre Wahrheit sage.

Ihr alle seid Mittäter,
ihr alle seid besiegt vor uns,
und kein Feigenblatt kann die Niederlage bedecken.
Wer sind wir?
Wir sind euer Spiegel,
wenn euer Selbst nach euch sucht.

Der Unanfang des Gottes sind wir
und wir sind seine Unendlichkeit im Blutverlust.
Die Mündung aller Bäche sind wir
und wir sind die Anschrift aller.

Syrer sind wir, wo wir sind,
sowohl im Westen der Erde als auch in ihrem Osten.
Wir pflanzen den Sinn
und haben die Wahrheiten.
In jeder Hauptstadt hinterlassen wir
Abdrücke der Freiheit.
Der Keim des Lebens sind wir
und wir sind das dauerhafte Zurückkommen
in die Natur,
also die zärtliche Mutter von allem,
was es in uns an Menschlichkeit gibt,
für deren Entstellung
wir dem Tod keine Chance gaben
und wir erlaubten dem Elend nicht,
dass es ihr Gesicht fälscht.
Das flüssige Blut wirft uns von einem Exil in ein Exil.
Das ganze Universum ist unser Exil
und wir sind die Heimat dieses Universums.
Wir geben den zu uns Kommenden
einen unbefristeten Aufenthalt
und eine Angehörigkeit
zu dem Recht, dem Guten und der Schönheit
und wir verleihen die Staatsangehörigkeit auch
den Konzepten, also der Würde,

der Ehrenhaftigkeit und dem Stolz.
Syrer, …
eine Sonne teilt mit der Welt kostenlos
ihr Licht und ihre Wärme.
Nein …
wir haben keine Anschrift hier,
weil das Ich in uns
über jedem Hass und jedem Groll steht.
Die ganze Erde
verengte sich für uns
aber wir verengten uns,
für sie nicht,
vielmehr,
wann immer sie enger wird,
werden wir weiter für sie
und für den Himmel
auch.

بلا وطن سواكِ

بلا وطن …
و الذين يمتلكون هويّة المكان
يُقتلون لأجلها دوما.
„ البكاء حقّ على أمّ الشهيد
إنّما بالزغاريد
تخون قلبها المضرّج بالفجيعة „
أمّا أنا فلا أرض أفارقها
لأحلم باللّقاء
و لا سماء
أطير في أرجائها و أرجو أن أموت محلّقا فيها
و لا أمل لديّ
لأنني لا أنتظر.
قد تبرّأتْ منّي المحطّات الكثيرة
و المطارات خيّبت ظني
و بصقتني الموانئ

« البحر أرحم من منافقٍ الكبيرة,
فلرمّا مِنح الموتَ -موتي- رومانسيّة بأسماء جديدة «
و لا حلم لديّ أخشى عليه أن ينكسر,
فمنذ أتيتُ هذه الدّنيا
يسمّونني (لاجئ)
و لا ذكريات تحميني عند أوقات الطوارئ
لا أشخاص لا أشياء.
لي امرأتي فقط هنا أو في القصيدة,
أعطيها جميع أسرار الدموع
فتلهمني البلاد كما ينبغي لفجائعي,
لا كما كانت هنا في واقعي.

شاركيني الكأس
و أخرجيني من جميع دائرة اللّجوء
و جنّسيني في نظراتك نحوي,
حين يجيش الحبّ فينا و يجهش بالوفاء.
أشتاق نوما دونما كوابيس فافرشي ذراعيكِ
و شاركيني برودة اللّيل الطّويل في غربة أزليّة أبديّة
و لا تسأليني عن انتماء.
لا انتماء لديّ بعد اليوم إلا لعينيكِ,
فالإنتماء إلى الحبيبة المجسّدة الوطن
كان عبر كلّ مراحل التّاريخ مبدأ الغرباء.
غريب أنا عن الدّنيا سواكِ
أنتِ وطني
و منفاي الوحيد.
أنتِ الأرض -أرضي-
و أنتِ السّماء.

Ohne Heimat außer dir

Ohne Heimat …
und die, die die Identität des Ortes haben,
werden für sie immer getötet.
»Das Weinen ist ein Recht der Mutter des Märtyrers.
Mit dem Geheul verrät sie aber ihr Herz,
das von Trauer bedeckt ist«.

Ich habe aber keine Erde,
die ich verlasse,
damit ich vom Wiedersehen träume,
und ich habe keinen Himmel,
in dessen Weiten ich fliege
und in dem ich schwebend zu sterben hoffe,
und ich habe keine Hoffnung,
weil ich nicht warte.
Die vielen Stationen wurden mich los
und die Flughäfen enttäuschten mich
und die Häfen bespuckten mich.
»Das Meer ist gnädiger als alle meine großen Exile,
vielleicht verleiht es dem Tod – meinem Tod –
eine Romantik mit neuem Namen«.
Ich habe keinen Traum,
um den ich Angst habe,
dass er zerbricht.
Seitdem ich in diese Welt kam,
nennen sie mich
(Flüchtling)
und ich habe keine Erinnerungen,
die mich in den Zeiten der Not schützen.
Ich habe keine Personen
und keine Dinge.
Ich habe nur meine Frau,
hier oder im Gedicht.
Ich gebe ihr alle Geheimnisse der Tränen,
dann schenkt sie mir
die Länder,
wie sie zu meiner Trauer passen,
nicht, wie sie hier in meiner Wirklichkeit waren.

Teile das Glas mit mir
und nimm mich
aus der ganzen Asyl-Zone raus

und bürgere mich
in deinen Blicken zu mir ein,
wenn die Liebe in uns tobt
und die Treue weint.
Öffne deine Umarmung,
weil ich einen Schlaf
ohne Albträume vermisse.
Teile mit mir
die Kälte der langen Nachtzeit
und der zeitlosen und ewigen Fremdheit
und frag mich nicht
nach einer Angehörigkeit.
Ab sofort
habe ich keine Angehörigkeit
außer zu deinen Augen,
weil die Angehörigkeit zu der Geliebten,
die die Heimat verkörpert,
in allen Phasen der Geschichte,
der Grundsatz der Fremden war.
Fremd vom Diesseits
nur nicht von dir
bin ich.
Du bist meine Heimat
und mein einziges Exil.
Du bist die Erde
– meine Erde –
und du bist
der Himmel.

لغة

اللّغة العربيّة
و اللّغة الألمانيّة
و أنتِ
في الهنا
و الهناك,
بين بين
و في منتصف كلّ شيء.
أمّا أنا
ففيكِ,
لديكِ
و منكِ إليكِ
أكتب عن حبّي لكِ
بلغتك
و لكنّي
أحبّكِ
بلغتي.

Sprache

Die arabische Sprache
und die deutsche Sprache,
und du bist
im Hier und im Dort,
dazwischen
und in der Mitte
von allem.
Ich bin doch
in dir,
bei dir
und von dir zu dir,
also ich schreibe
über meine Liebe
zu dir,
in deiner Sprache,

aber ich liebe dich
in
meiner
Sprache.

كيمنتس الأنثى

هناك أشياء كثيرة تسكرني و لكن الأكثر تأثيرا هو الأنوثة بكلّ ما يندرج تحتها من أشياء, كائنات, معانٍ
... الخ و التي تربطها بالجمال حبال كثيرة

يستطيع الشاعر أكثر من غيره رؤيتها و الإمساك بها.

هكذا و لأن المدينة أنثى ككلمة في اللّغة و كمكان في الزّمان

فإن أي مدينة تستطيع أن تسحرني.

كيمنتس مثلا, كيمنتس المدينة و كيمنتس المرأة تسحرني في أماكن كثيرة,

في القلب, في الحانة, في الترام, في الحديقة و على النهر.

سأقول بذلك بطريقة أخرى ربّما غريبة نوعا ما, في كيمنتس أتجرأ على الخروج في الليل سكرانا للتّسكّع
في الشّوارع دون أن أخاف الضّياع أو أي شيء آخر

و هذا ما لا أتجرأ على فعله في مدينة أخرى.

نعم فعلى الرّغم من كوني أجنبيًا إلا أن كيمنتس هي مسقط رأسي في ألمانيا.

في لحظات غضب أو مشاجرة مع كيمنتس يؤسفني أنني أحمل لها هذا الشّعور و لكن بعيدا عن عماء
لحظات الغضب تلك فإن هذا الشّعور الجميل المسكر الذي أحمله لكيمنتس حقيقة لا يمكنني و لا
أريد إنكارها. إنّها حقيقة تمنحني نشوة ما.

النّشوة

هي القوّة

التي تمتلكها الرّوح بعد أن تتصالح مع الشّهوة.

منذ زمن طويل لم أعد أبحث عن شيء. البحث يعيق البقاء في الحاضر.

البحث يمنح الماضي أو المستقبل السّلطة على الحاضر

و تحت هذه السّلطة ينسى المرء أن يعيش اللحظة الحاضرة التي هي الحياة عمليًا.

نعم, أنا أنتمي لهذه اللحظة, معلّق بها و هي التي قد تكون شخصا, إحساسا, شيئا, سبيلا

و هذا التّعلّق يمنحني شعورا أنني على قيد الحياة هنا و الآن

و ليس في مكان آخر أو في زمان آخر و هذا الشّعور يجعلني سعيدا

و يمنحني فرحا ليس ثقيلا على القلب

و ليس مزيّفا كأفراح أخرى تنتهي بانتهاء لحظة الحياة تلك.

إن احتمال إدماني هو عال جدّا و واقع جدّا.

أنا مدمن على الكثير من الأشياء و لكنّها الأشياء التي لها علاقة ما بتلك اللّحظة
و التي لا تخرّب جوهرها و سببها

بل تقوّيها و تجمّلها و تساهم في سرعة إحساسي بها قبل أن تمرّ.

في كيمنتس, و في لحظة ما, كنتُ مسحورا غارقا في النّشوة,

متصالحا مع الشّهوة،
ممتلئا بالقوّة،
حيث كان هناك موسيقا و نبيذ و أنوثة.
الموقف وقتها لم يكن إلا الثمل عشقا
و مازال و سوف يبقى.

Chemnitz … das Weib

Viele Sachen berauschen mich,
aber die Einflussreichste von ihnen ist die Weiblichkeit mit allem,
was unter ihr von Dingen, Wesen, Bedeutungen … und so weiter
steht, die mit der Schönheit viele Seile verbinden,
die der Dichter mehr als die anderen sehen und halten kann.
So, und weil die Stadt ein Weib als Wort in der Sprache
und als Ort in der Zeit ist, kann auch eine Stadt mich berauschen.
Chemnitz zum Beispiel, also Chemnitz, die Stadt,
und Chemnitz, die Frau, berauscht mich an vielen Orten,
also im Herzen, in der Kneipe,
in der Straßenbahn, im Garten und am Fluss.
Ich werde es auf andere Weise,
die irgendwie komisch ist, sagen,
also in Chemnitz traue ich mich,
in der Nacht betrunken hinauszugehen,
auf den Straßen zu bummeln,
ohne Angst vor Verlust
oder vor irgendetwas anderem zu haben.
Das traue ich mich aber nicht
in einer anderen Stadt zu tun.
Ja … obwohl ich ein Ausländer bin,
ist Chemnitz meine Heimatstadt in Deutschland.
In den Wutmomenten oder im Streiten mit Chemnitz
tut es mir leid,
dass ich dieses Gefühl für sie trage.
Das gehört aber dazu,
sonst und weit weg von der Blindheit jener Wutmomente
ist dieses schöne, berauschende Gefühl,

das ich für Chemnitz hege,
eine Wahrheit, die ich nicht leugnen kann und will.
Es ist eine Wahrheit, die mir irgendeine Ekstase gibt.
Die Ekstase ist die Stärke, die die Seele hat,
nachdem sie sich mit der Begierde versöhnt.
Seit langer Zeit suche ich nichts mehr.
Die Suche behindert den Verbleib in der Gegenwart.
Die Suche gibt der Vergangenheit und der Zukunft
die Macht über die Gegenwart
und unter dieser Macht vergisst man,
den gegenwärtigen Moment zu erleben,
der praktisch das Leben ist.
Ja, ich gehöre diesem Moment an
und ich bin ja abhängig von diesem Moment,
der eine Person, ein Gefühl, ein Ding, ein Mittel sein kann,
und diese Abhängigkeit gibt mir das Gefühl,
dass ich lebendig im Hier und im Jetzt bin
und nicht an einem anderen Ort und in der anderen Zeit
und dieses Gefühl macht mich glücklich
und gibt mir eine Freude, die nicht schwer im Herzen ist
und nicht gefälscht wie andere Freuden,
die mit dem Ende jenes Lebensmomentes enden.
Mein Suchtpotential ist sehr hoch und sehr echt.
Ich bin süchtig nach vielen Sachen
und das sind die Sachen,
die etwas mit jenem Moment zu tun haben
und die sein Wesen und seinen Grund nicht kaputt machen,
sondern die ihn verstärken und verschönern
und an der Schnelligkeit meiner Empfindung
für ihn teilnehmen, bevor er vergeht.
In Chemnitz, in irgendeinem Moment,
war ich berauscht, in Ekstase,
mit der Begierde versöhnt,
voller Stärke,
wo es Musik, Wein und Weiblichkeit gab.

Damals war die Situation
nichts anderes als das Betrunkensein von der Liebe.
So ist es immer noch
und so wird es
immer
bleiben.

بين كيمنتس و برلين

يزداد انتماء اللاجئ الملعون عمقا إلى تشرّده,

فيصير كلكامش و يصير إنكيدو

و يصير أعشاب الخلود

و يصير حزنه الفرديّ و الجمعيّ

و يصير ثورته, هزيمته أمام نفسه و انتصاره على الدنيا

و يصير كأسا من نبيذ تسكر الكون كلّه بالجمال و بالوعود.

بين برلين و كيمنتس

يدرك اللاجئ الملعون أنّ لا قيود

تستطيع الآن تقييد قلبه

و أن لا حدود

تستطيع الآن منع حبّه

من الدّخول إلى قلوب الناس.

بين كيمنتس و برلين أو بين برلين و كيمنتس

أو بين المدن

يفهم اللاجئ الملعون

أن المنافي و الطرقات و السّجون

كانت ضروريّة لكلكامش

لكي يبقى على قيد الوجود.

Zwischen Chemnitz und Berlin

Zwischen Chemnitz und Berlin
vertieft sich die Angehörigkeit des verdammten Flüchtlings
zu seiner Heimatlosigkeit,
dann wird er zu Gilgamesch*
und er wird zu Enkidu
und er wird zur Pflanze der ewigen Jugend,
und er wird zu seiner individuellen Traurigkeit
und zu seiner kollektiven Traurigkeit
und er wird zu seiner Revolution,
zu seiner Niederlage vor sich selbst
und zu seinem Sieg über die Welt
und er wird zu einem Weinglas,
das das ganze Universum
mit der Schönheit und den Versprechen betrinkt.
Zwischen Berlin und Chemnitz
erkennt der verdammte Flüchtling,
dass es keine Fesseln gibt, die jetzt sein Herz anketten können,
und dass es keine Grenzen gibt, die jetzt seiner Liebe
den Eintritt in die Herzen der Menschen verbieten können.
Zwischen Chemnitz und Berlin oder zwischen Berlin und Chemnitz
oder zwischen den Städten
versteht der verdammte Flüchtling,
dass die Wege, die Exile und die Gefängnisse
wichtig für Gilgamesch waren,
damit er in der Existenz bleibt.

---

* Gilgamesch und Enkidu sind Gestalten aus dem sumerischen Epos »Gilgamesch«, das akkadischer Keilschrift auf Tontafeln geschrieben wurde, die im Jahr 1853 bei Ausgrabungen in der antiken Stadt Ninive im Irak gefunden wurden. Gilgamesch suchte nach der Pflanze der ewigen Jugend.

Inhaltsverzeichnis

الفهرس